良《りょう》品《ひん》活《かつ》力《りょく》

SLOW LIFE CATALOG

"暮らす"が楽しい100点の生活用具カタログ

はじめに

今の世の中、私たちの身の回りにはモノがあふれています。
新しいモノが出ると、古いモノは捨てられ、
またそれが古くなってくると人はそれに飽き足らず、新しいモノを求めます。
私たちは、この大きな渦の中にいつのまにか取りこまれ、
知らず知らずのうちに消費を繰り返してきました。
形あるものは、いつかは傷つき、汚れ、そして古くなっていきます。
しかし、傷や汚れは自分自身が使いこんできたという軌跡でもあり、
そのモノと過ごしてきた自然な時間とも言えるでしょう。
そして、その時間を大切にすることが、本当の生活の豊かさではないでしょうか。
ここで紹介する道具たちは、あなたの生活をほんのちょっとだけかもしれませんが、
きっと豊かにしてくれるにちがいありません。
そこで、この本では、私たちの身の回りにある生活道具を通して、
豊かな暮らし、自然な時間の流れる暮らしを提案していきたいと思っています。
生活道具というのは、ややもすると、その存在を忘れがちになるほど、

私たちの生活の中に溶けこんでいます。
そんな名もない道具たちに今一度光をあて、
毎日使うモノだからこそ、長く付き合っていきたい道具たちを紹介します。
全部コレをそろえなさいというのではありません。
余計なものを買わせようというのでもありません。
何かひとつでもいいから、
自分が「あっ、コレいいな」と思うものが見つかれば、
それがあなたの「めっけもん」です。
そんな「めっけもん」とじっくり付き合ってみることで、
あなたの生活のスピードは、きっとシフトダウンされることでしょう。
そして、今まで見えなかったものが見え、
感じることのできなかった風味や、香りや、感触などがよみがえってくるでしょう。
それは特別なことではありません。
誰しもが、いつ、どこに住んでいようとも、こんな道具たちと付き合っていくことで
生活の流れの中できっと“自然”を感じることができるのです。
そんな道具たちをここでは「日用良品」と呼んでいます。
そしてその道具たちが生活にもたらす力を「良品活力」と呼ぶことにしました。

目次

写真＝奥田高文
文＝遠藤ケイ＝♠E、島 弘美＝♥S、
南兵衛@鈴木幸一＝♣N、長谷川 哲＝◆H
ブックデザイン＝小山 泰

スローな暮らしの中で”めっけもん“に出会う楽しさ

川内たみ

リビングの小さな暖炉の前で、お気に入りのかごを持ってに立つ川内たみさん。右手の棚は最近、壁の塗り替えといっしょに自分たちで作ったばかり。部屋にはさまざまな小物が置かれているが、家具のない空間とのバランスは、けっして過剰にならず心地よい

住宅地の中に今も一軒だけ残る小振りな元米軍ハウスが自宅。小さな煙突が目を引く。今でも使っている暖炉の薪には近隣で出る廃材をもらってくる。50年代に福生市を中心に多く建てられた米軍将校向けの賃貸住宅も、今は老朽化で数少ない

東京郊外、西へ延びる中央線もだいぶ奥まった立川駅からバスで15分ほど、小さな雑木林も迫る町外れに、川内たみさんの自宅とオフィスがある。

今、彼女は「ボディクレイ・ねんどのソープ」を始めとするオーガニック生活雑貨の商品開発に関わり、つながりのある暮らしを提案するインターネットショップ「オーガニックライフサポートSORA」を主宰している。また、古くは、雑貨屋を切り盛りし、日本で初めての有機野菜の八百屋「ナモ商会・ホビット村」の設立に身近だったいっぽう、ほぼ同時期に仲間の女性たちとオーガニック系レストラン「たべものや」をオープン。そんななかで、彼女は人と物のつながりを長年に渡って見続け、2人の子供を育てた主婦としても暮らしてきた。

彼女が商品開発した「ボディクレイ・ねんどのソープ」。なにげなく、リビングの一角に置かれていた

器は友人の作家のモノをそろえるなど、じつはなにげにこだわりがある。だけど使い方と見せ方はさり気ない

古い元米軍ハウスに住んで14年、玄関を入ると大きな木枠の窓の明るいリビング。小さい暖炉がある以外は、米軍ハウスと言っても特別広くはない木造家屋だ。

5、6年前までの数年は、アクセサリー・クラフトの制作と販売に携わっていたこともあって、ポップなビーズ作品、アジアの小物などが、自作の棚や塗り直した壁のところどころに飾られている。

この日、彼女が用意してくれたランチは、天然酵母のパンに合わせて、紅茶、アンチョビ、チーズ、ハラペーニョのピクルス、そしてニンジンのサラダ。軽くクミンが効いたこのサラダは絶品で、無垢の木のテーブルにのった料理や食器から、人をなにげなく、温かく迎えるセンスが伝わってくる。

この部屋の雰囲気と、飾らないたみさんのたたずまいには、どこまでも無理がない。長年、さまざまな仕事に関わり、妻として母として日々を暮らし、生活者として鍛えられた、心地よい生活感が柔らかく伝わってくる。

彼女のそんな生活感のなかから、今、評判のオーガニック雑貨が生み出されてきたのだと思う。

「最初、ボディクレイ（ねんどソープ）を見たとき、使う前にこれはいいに違いない、って直観的にパッて思ったの。メーカの人にもすぐ『これ絶対売れるようになる』って言ったのよ。それから知人のお店に持っていって、アドバイスを受けて、パッケージのデザインをしたり、今の仕事が始まったの」

「ボディクレイを見抜いたのは私の消費者としてのキャリアだったと思うわ。今まで化粧品って、いっぱい買ってきたけど、一回も満足してなくて。何入ってるか分かんないでし

部屋の隅で干し物ネットに、柿の皮が干されていた。たみさんは子供のときからおやつとして食べていたのだと言う

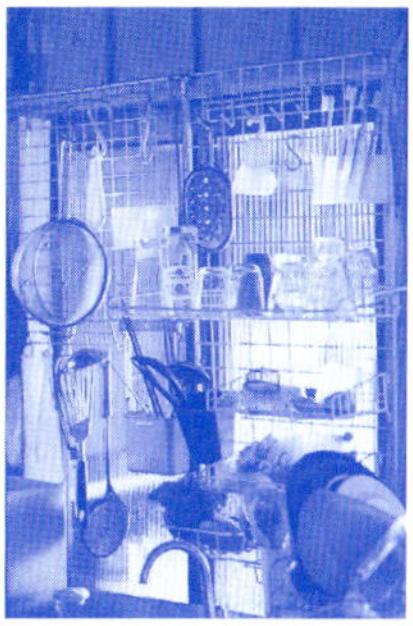

流しの前のネットに整理されたさまざまな台所道具と食器たち。日常の使いまわしが伝わってくる

ょう？　最初はいいと思っていても途中で不安になるの。だから昔から自分たちで作ったりしてたのよ」

彼女がすすめる「ボディクレイ」は、超微細で吸水性と吸油性に優れたモンモリロナイトという粘土の一種と、それを使ったせっけんや化粧水などのシリーズ。最近話題になってきた手作り化粧品の世界でも優れたベース素材として人気だ。

彼女のホームページをのぞいてみても、ボディクレイについて非常に丁寧で豊富な解説と資料が、彼女自身の言葉でつづられている。また、やはり彼女が商品開発をしたインドの天然染料「ヘナ」とモロッコの粘土「ガスール」などについても、モノへの思い入れが伝わる親切な解説がされている。

「オーガニック・ライフ・サポート」。これが、彼女のホームページのサブタイトルだが、このあたりの彼女の姿勢も肩の力が抜けている。

「私よりセンスのいい人なんかいっぱいいるわよ。私なんかホントいい加減。100円ショップのものでも、ちょっと便利かなって思うと買っちゃうもの。私はちゃんとやっている人と比べちゃうと、ぜんぜんちゃんとやってないの。（パートナーに）いつも怒られるのよ、何がオーガニックライフだって」

自然食レストランのさきがけでもあった「たべものや」は女性ばかりで始めた。そこで使っていた食器も各自のセンスで集めたり、もらったりしていたという。しかし、

「女ばかり8人でやってて、人のやり方が違うのが最初のころ、すごく気になったの。人の買ってきた箸置きをお店で使うのがイヤで、こんなの私だったら選ばないのにって、眠れないこともあったのよ。でもそれもいちばん大切ではないと思ったの

京都の老舗「有次」の包丁が普段使いに長年使われている。ほかの器や道具も、ブランド品ではなくとも、使いこんだ愛着が伝わってくるモノばかりだ。「愛せないモノはイヤよね、モノって好きって思って使い続けてあげるとよくなるのよ」

台所の片隅でサイザル麻のカゴから、買ってきた白菜がのぞいていた。大きな竹の編みカゴは、「めっけもん」が入るのを待っている。ハカリや家の壁の温度計や何げに置かれた自然物も彼女の「めっけもん」なのだ

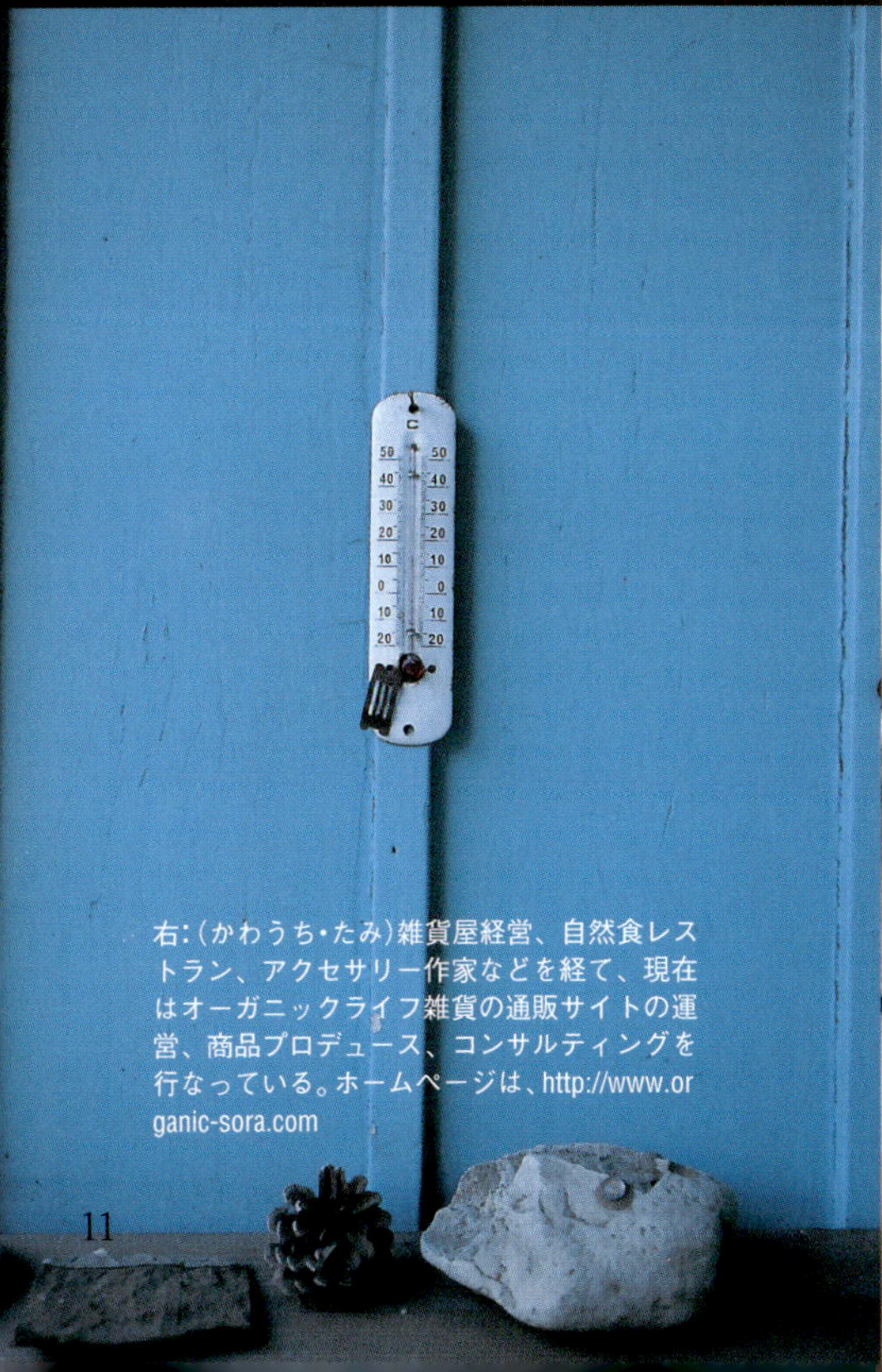

右：（かわうち・たみ）雑貨屋経営、自然食レストラン、アクセサリー作家などを経て、現在はオーガニックライフ雑貨の通販サイトの運営、商品プロデュース、コンサルティングを行なっている。ホームページは、http://www.organic-sora.com

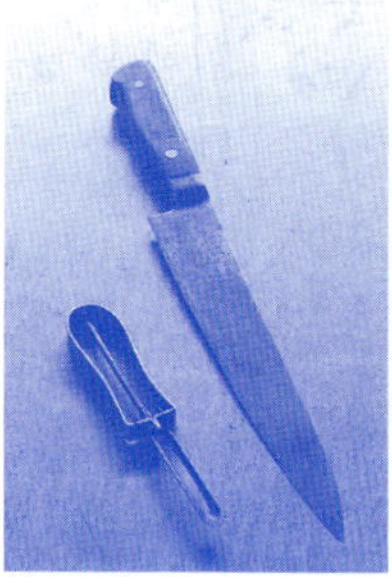

有次の包丁と無名メーカーのピーラーが、長年にわたり、同じように使いこまれていい味を出している

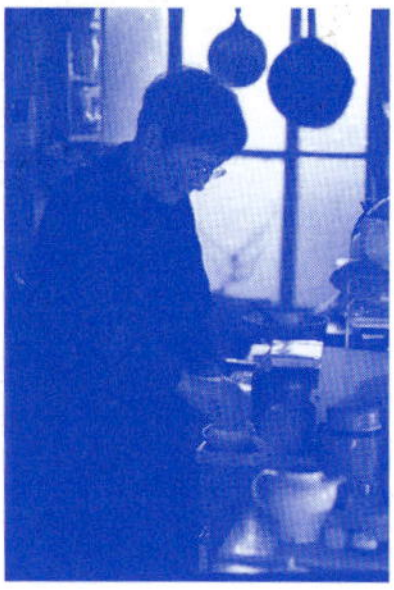

台所は元米軍ハウスにしては小さめだけれど、それがかえってタミさんには似合っている気がする

ね。けっきょくみんなで仲よくやっていくしかないからね」

　そして、たみさんはオーガニックの世界がときに見せるかたくななこだわりや生真面目さとは適度な距離をとり、今に通じるこだわりのない柔らかさを身につけていったのだ。

「人ってときに『これがいい』って、すごく断言するでしょ？　私は断言できないのよ。そうは思えないの。『たべものや』のときでも、玄米でないとダメとか、あれはこうあるべきとか、そういうこだわりは全然なくて、自分たちが食べてるままにやってたの。やっぱり偉そうでしょ？　こだわるのって（笑）」

　そんな彼女の〝こだわらない〟感覚は、道具にも通じて柔軟だ。京都の刃物の老舗「有次」の包丁がキチンと研ぎながら長年使われていたり、お皿も今では安くない値段をつけるようになった友人の陶芸家の作品を長年集めていたりとちゃんと〝こだわり〟も見せながら、その横で台所の便利グッズを照れながら使っていたりもする。かと思えば、古いシンプルな皮むきが使いこまれてじつにいい味を出していたり、拾ってきた灯油ストーブが気持ちのいいリビングに違和感なく収まっていたり、たみさんの身の回りのモノのあり方は自由自在だ。普通だともう少し雑然としてしまうのだが、シンプルな心地よさを作るセンスは一貫している。そんな彼女の感覚は、仕事や生活を通して長年、モノや人に関わったことで鍛えられたもののようだ。

「私ね『めっけもん』が好きなのよ。街でも山でもいつも『めっけもん』がないとおもしろくないの。遠くからちょっと端っこが見えてるだけでいいモノはわかるのよ。散歩のコースでキクラゲや、フキノトウの出るところも見つけてあるし、フリーマ

「こういう珍しいのが嬉しくて、つい買っちゃうのよ」と、お茶にするというウコンをカゴで干す

庭の木からたくさん採れた柿を干していたのは、洗濯物用の角ハンガー。まるで農家のお母さんのようだ

ーケットで誰も気づかない、いいモノを見つけるのも得意よ」

なるほど彼女にとって家で使っている道具も、自分で開発した生活雑貨も、大きな意味で「めっけもん」なのだ。そう思うと、たみさんがアジアや中東の市場、街のフリマ、田舎の道を好奇心いっぱいの目でキョロキョロ動き回っている姿が思い浮かんでくる。

「昔、雑貨屋をやっているころ、モノと人との関わりってすごく考えたの。『欲しがらせて、余計なモノを売りつけるようなお店っていいのかな？』とも思ったし。でも、食べ物だけで生きていけるわけじゃないし、気持のいいモノで生活が豊かになる方がいいなって、売るモノもそうやってチョイスしていったのね。でもね、どんなにりっぱでいいモノでも、忘れられて放っておかれるとつまらなくなるのよ。好きって思って使い続けてあげないと」

こんな話をする彼女の顔は、やっぱりモノへの思いでちょっと輝く。こだわりはないけど、愛着は大いにアリ、ということだろうか。

隣には古い友人が住み、すぐ近所にはベトナムの自然塩を扱う友人や、長年のニューヨーク暮らしから帰国したばかりのイラストレーターの友人が、それぞれ小さな家を借りて住んでいる。みんな、たみさんとのつき合いに、引き寄せられるように近くに住みだした。彼女といると、モノとのつき合いに加え、人とつき合う楽しさ、家族と暮らす気持ちよさまで実感と共に伝わってくる。

そして、そんなスローな暮らしのあり方が、大きな意味での、オーガニックライフ、人とモノの心地よいつき合い方だと思うのだ。

（文＝南兵衛＠鈴木幸一）

手ぬぐい

ご主人自らが版を作る手ぬぐいは、1500円から。写真左の鶏は、柄のなかに「お金をいただく」、「にらみをきかせる」、「めでたいことが返ってくる」などの意味がこめられていて、店先に飾る人もいるという。写真右の山道、篭目などの江戸小紋は800円、本豆絞り1500円

手ぬぐい

木綿に花開いた江戸の粋

手ぬぐい文化は江戸時代中期から花開いたといえる。もともと手ぬぐいは、ハンカチやタオルのように手をぬぐったり風呂で使うというよりも、儀礼装身具として「冠《かぶ》る」ものであったという。素材も室町時代後期に綿の生産がされるようになるまでは、麻製が主なものだった。

「冠る」が「被《かぶ》る」へと移行し、江戸庶民のおしゃれの道具として手ぬぐいが被られるようになると、「姉さん」「ひょっとこ」「ふきながし」「若衆」など20数種類もの被り方が生まれたという。

吸水性がよく肌触りもよい手ぬぐいは、実用面でも多いに利用された。おむつやのれんを作ったり、井戸のポンプ口を覆ったり、ふきんとして使ったりと、生活の中でなくてはならない万能布だったのである。

また、鼻緒が切れたときの代替品として、ケガをしたときに裂いて使うなど、好きな大きさで使えるようにと、手ぬぐいの両端は切りっぱなしになっている。そのほうが、乾きやすくて清潔だということも理由のひとつである。

このように、江戸庶民に支持された手ぬぐいだが、「流行」といってもいいほどの人気を博したその裏には、歌舞伎の存在がある。

江戸時代初期から歌舞伎の舞台上の装身具として手ぬぐいは使われていたが、文化・文政時代になると、役者同士が、対抗心から自分で柄を考え出すようになったのである。

たとえば、当時の人気者三代目中村歌右衛門（初代芝翫）の「芝翫（しかん）縞」は、ライバルの坂東三津五郎の「三ツ大縞」や「三津五郎格子」に対抗して作られたものだという。これは、4本の縞（し）に環（かん）、つまり引き出しの把手をあしらったもので、それを「しかん」と読ませた。三津五郎格子は、3、5、6本の縞を格子に組んで、「みつ、ご、ろう」とした。

また、七代目市川團十郎は、鎌と○の図に、「ぬ」の文字で「鎌○（かまわ）ぬ」という意味の柄を考案した。これは、舞台の上では何を演じてもかまわない、という團十郎の心意気を表している。「かまわぬ」はもともとあった柄だったが、團十郎がとりあげたことで人気が復活し、とくに男衆に好まれたそうだ。

これに対して、三代目尾上菊五郎が斧（上方方言で「よき」といった）、琴、菊をあしらって「よきことをきく」と読ませて「よいことが耳にはいる」という判じ物を、古い着物の柄からとり入れて使うようになったのである。

このほかにも歌舞伎役者が持つたくさんの柄があるが、いずれも言葉遊びや判じ物になっていて、洒落や粋にあふれている。そして、彼らを応援するために、ひいき筋も競ってその柄を着物などに取り入れていたという。

歌舞伎役者たちによって手ぬぐい文化が花開く少し前、江戸の庶民は贅沢な暮らしをするようになり、武士が町人に憧れるという時代になっていた。これを抑えるために幕府は奢侈禁止令を出したが、江戸庶民はそれを黙って聞いてはいなかった。派手なものがいけないとお上がいえば、単純な縞や格子を粋にデザインしたり、着物の裏地にしゃれたものを配した。

色使いにもひと工夫あった。派手な色は使えないために「四八茶百鼠《しじゅうはっちゃひゃくねずみ》」といわれるほど数多くの茶色とねずみ色が流行。その地味ながらも繊細な色合いからは、幕府に従っているようで、じつはそれをも楽しんでいる江戸庶民の心意気が感じられる。

また、当時の人気戯作者山東京伝は、天明4年に「たなくひあわせ（手ぬぐい合わせ）」という手ぬぐいの展覧会を開いている。そこに集まったさまざまな分野の人たちがデザインした手ぬぐいは、平成の時代にあってもまったく見劣りしない、お洒落で機知に富んだものである。こういった「いなせな」手ぬぐいを見るにつけ、江戸という時代の粋、自由さ、明るさなどが彷彿とし、あのころの「時代の力」というものを感じずにはいられない。

ほかに、松葉ちらし、山道、豆絞り、トンボなどの伝統的な江戸小紋の手ぬぐいもあり、現代ではこのあたりが使いやすいかもしれない。しかし、落語にも通じるような、手ぬぐいに秘められた江戸の粋を知ると、手がのびるのは「かまわぬ」や「よきことをきく」になるのである。

高虎

東京都中央区日本橋浜町2-45-6
☎03-3666-5562

ご主人自ら版型を彫り、オリジナルの手ぬぐいを作っている。毎年新作が登場する干支の手ぬぐいのファンは多く、年末には必ずやってくる常連さんも多い。ここの手ぬぐいにも判じ物が多く、ご主人の粋が感じられるのである

絹製の市松絞り（左５０００円）は、袱紗（ふくさ）のように金封を包むときに使うといい。大判（１０５㎝幅）の鮫小紋は裏が麻型になっている綿の両面ふろしき（２０００円）。これはお酒を包めるたっぷりサイズのせいか、男性に人気。ほかにも５００円から数万円までさまざまなサイズや素材のふろしきがある。

ふろしき

ふろしき

スイカ、酒びん、子供、なんでも包んでしまう万能布

風呂敷《ふろしき》の始まりは、その名のとおり風呂からだった。

室町時代、将軍足利義満が大湯殿を建て、大名たちをもてなしたおり、脱いだ衣服を間違えないために定紋をつけた絹布で包み、湯上りにはこの布上で身づくろいをしたらしい。また、当時風呂といえば蒸気風呂だったために、入浴中は布を床に敷き、上がるときは板床に敷いて足を拭くのに使ったという。それがどういった経緯をふんだかは不明だが、江戸初期には、「風呂敷包み」という言葉が見られるようになり、後期には「風呂敷」という呼び方が確立したのである。

風呂敷という名前の印象から、これは日本固有のものかと思いがちだが、じつは世界各地でさまざまに利用されている。トルコ、シリア、アフガニスタン、ネパール、インドネシア、グアテマラ、メキシコなどと、織物が作られる国では風呂敷（こう呼ぶと違和感があるが）はなくてはならないものだった。どの国でも使い方は似たもので、物を運んだり、幼児を抱いたり、日除けや防寒に使ったりしていたが、国によっては儀式用具として大切に扱われているのである。

近代になってからの日本での風呂敷の利用法は、布団を包んだりと家内での利用のほかは、もっぱら運搬だったといえる。背負ったり、自転車に積んだり、もちろん手に下げたり持ったりと、ほんの30年ほど前までは袋の役割を担い、おおいに風呂敷は活用されていた。その需要が後押しする形で昭和30年代になると合成繊維の風呂敷が次々と製品化されるようになり、昭和50年代には、引き出物用の風呂敷だけでも年間600万枚も生産されていたという。

それほどあふれていた風呂敷たちはいったいどこへ行ってしまったのだろうか。よくよく考えてみれば押入れの奥や、着物といっしょにたんすの中など、どこの家にも1枚くらいは風呂敷があるはずだ。その風呂敷を生活の場でもっと使ってみるというのはどうだろう。

袋の代名詞がスーパーの袋といってもいいくらいに、現代の袋は使い捨てである。この習慣を変えるべく各地でマイバック運動が展開されているが、それなら「マイ風呂敷」だっていいはずである。

風呂敷には中幅（約45㎝）のハンカチ程度の小さいものから7幅（238㎝）の大判のものまで、各種ある。もちろん風呂敷として売られているものを使ってもいいが、そう限定しなくたっていい。大きな布であればそれは風呂敷に化けるわけだから、自分の好きな四角の布を使えばいいのだ。

江戸時代の風俗絵図を見ると、風呂敷を縦横無尽に使いこなしている庶民の姿が多く見られ、これは参考になる。大きな荷物は片方の肩にひょいと載せる。結んだ口の部分を長く延ばしてショルダーバッグ風に肩にかける。結んで買い物かご風に手で持つ。メッセンジャーバッグのように斜めがけにしたり、ウエストバッグのように腰に巻いているものもある。こう見ていくと、風呂敷の利用法が現在使われているそれぞれのバッグの原型だったことがわかるのである。

東南アジアでは、子供を上手に一枚の布で抱っこしている姿を見かける。ここ数年日本でも、このスタイルに工夫を加えた抱っこひもが乳児を抱える母親の間でブームになりつつある。布という肌触りがやさしくてしかも丈夫な道具は、大切な子供を包むことを許容するほど、信頼にたるものということだろう。

さて、実際に風呂敷を使うとなると、包み方を知らなければならない。江戸の庶民のバッグ代わりをしてきた風呂敷には、用途によっていろいろな包み方がある。「お使い包み」や「隠し包み」など基本的なもののほか、「一つ結び」（細長いもので隅と隅が結べないときの包み方）、「ひっかけ結び」（結ぶ一方の隅が届かないときの包み方）、巻き結び（円筒形のものの包み方）、瓶包み（いまでも日本酒を入れているのをよく見かける）、スイカ包み（球形のものの包み方）がある。これらの基本形に自分なりの工夫を凝らせば、風呂敷はいかようにも使うことができるはずだ。

最近の骨董市での一番人気はリサイクル着物を始めとした布だそうだ。一歩先をいって、風呂敷のウエストバッグなんてちょっと粋じゃぁないですか？

宮井
京都市中京区室町通六角下ル鯉山町510
☎075-221-0381
http://www.miyai-net.co.jp/
明治34年創業。商品作りに役立てるために、創業当時から袱紗（ふくさ）や風呂敷の蒐集を行なっていた。40年ほどかけて集めた風呂敷などは、江戸中期のものも含めて2000点にもなる。本社内にあるギャラリーでそれらを見ることができる。

タオル

昭和30年代に、三越が宮内庁の依頼を受け作り始めたタオル。紡績前の糸をバーナーの炎にくぐらせ、表面の毛羽を落とすことで、驚くほど丈夫で肌触り抜群のタオルが織り上げられる。バスタオル2000円、浴用タオル600円、おしぼりタオル300円。ブルー、ピンク、ホワイトの3色がある。

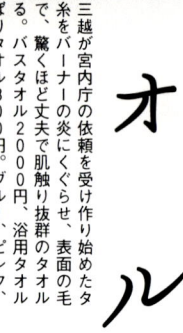

ガラ紡布

ざっくりとした糸と織りが優しい雰囲気を持つガラ紡布のタオル「びわこα」(1000円)。見た目どおりの荒いデコボコした糸自体が、抜群の吸収性と吸油性をもっていて、肌の汚れや余分な油分を巻きこんできれいにしてくれる。とにかくシンプルイズベスト。せっけんなどよけいなものがいらないから、銭湯通いには欠かせない。

タオル

昭和天皇もご愛用のふんわりタオル

慌ただしい朝の洗面時や汗をぬぐうとき、のんびりお風呂につかるときなど、生活に必要不可欠ながらも何気なく使っている場合がほとんどであろう、タオル。そんな生活に密着した日用品だからこそ、こだわらない手はないはず。そこでこの「ガス焼きタオル」はいかがだろうか。

ガス焼きなどというと、タオルをお餅のようにあぶるみたいだが、実際は織り上げる「糸」を焼いているのだ。普通、タオルを織る糸は「20番手」が一般的といわれているが、この「ガス焼きタオル」に使用する糸は、「80番手」というワイシャツやブラウスを織るときに使われる極細の綿糸。まずはこれを2本より合わせる。次にガスの炎の中により合わせた糸をくぐらせる。こうすることによって、より合わせたときにできる毛羽がきれいに取り除かれ、絹のようなつやとしなやかさを持つ綿糸になるのだ。そのより上がった糸を、今度は通常のタオルの1・5倍の密度で織り上げていく。すると、腰の強いなめらかな肌触りのタオルができあがる。上質で極細の糸を高密度で織っているため、薄手にも関わらず吸水性に優れ絞りやすく、乾くとまたふっくら感がよみがえり、しかもそのしなやかな風合いが長年変わらないというまさに究極の理想のタオルだ。進物用ではなく自宅用に購入する人がほとんどということからも、こだわりの日用品といえる。

また「ガス焼きタオル」は、昭和天皇の大変なお気に入りで、晩年まで浴用として愛用されていたという。豪華な色柄のタオルが人気の昨今、シンプルだが肌との相性がいい自分用のタオルでひと風呂浴びれば、すべての人に至福のひとときが訪れるはず。

三越本店
東京都中央区日本橋室町1-4-1
☎03-3241-3311
http://www.mitsukoshi.co.jp/

そのほか、ガス焼きタオル製のバスローブ（1万5000円）もある。使用されている綿糸は100%エジプト綿。細く柔らかで吸水性に富み、強いという特徴があるが原綿そのものが高価なため、タオルに使用されるのはめずらしい。

ガラ紡布

日本の伝統紡績法が生んだ気持ちいい布

仲間と東京御茶ノ水でGAIAというオーガニックとエコロジー雑貨の店をやっている。開店して13年、少しでもエコロジカルな半工業、半工芸的商品を提案しながら歩み続けてきた。そんな店の13年でもっとも印象的なひとつがこのガラ紡布「びわこ」。90年ごろの環境ブームの中で、新聞等が〝せっけん洗剤を使わず食器がきれいになる、水を汚さないふきん〟として紹介した。当時、小売り店が関東ではこの店だけで、問い合わせが集中、鳴り続ける電話に目が回るような思いをしたのだった。

その名のとおり、この商品は琵琶湖汚染問題の流れのなかで商品化された。抜群の吸水、吸油性を持つ糸自体が汚れを巻きこむので、せっけん洗剤がいらずお湯だけで食器洗いができ、川や池を汚す生活排水は少なくなり、手荒れもなくなる。タオルとしてお風呂で使えば、汚れが充分に落ちるうえに感触がいい。そして、せっけんを使わないので、肌が敏感な人でも安心して使うことができてとにかく爽快だ。

そんなエコロジー時代の商品「びわこ」だが、もともとは明治以来の「ガラ紡」と言われる紡績法で昔からある物。原理的に手紡ぎに近い素朴な紡績で、工程上で出る落綿（綿ぼこり等）を再利用して、毛布、雑巾、モップ、軍手などを生産し戦後の復興期から70年代にかけて、日本経済を支えてきたという。

しかし今ではガラ紡工場も残り3軒のみ。すでに職人さんは60歳を超え、あと10年ぐらいで終わってしまう可能性もある。しかし小規模になっても手工芸的な付加価値も加わり、きっと残るはず、そのためにも自分は「びわこ」を売っていくのだと、製造元のご主人の朝倉さんは元気だ。

朝光テープ
愛知県豊橋市瓦町113
☎0532-61-7673
http://www.biwakofukin.com

ここで紹介したガラ紡布「びわこα」は1000円。ほかに「びわこふきん」350円、バスタオル等がある。webでは、ネットでのみ購入できるハンカチ、手ぬぐいなどもあり、ガラ紡績についての説明や各地の取り扱い店も掲載。GAIAでも各種製品を扱っている（P32参照）

ざぶとん

（手前）小千谷縮（本麻100％）の八端判座布団（59×63㎝）は1万5000円。（奥）柿渋で染めた本麻100％の茶座布団（42×45㎝）は8000円。こちらには十数種類の色味がある。どちらも中綿も含めた価格。ほかに、ウサギやトンボ、アユなどの図柄が入ったものもある。

のれん

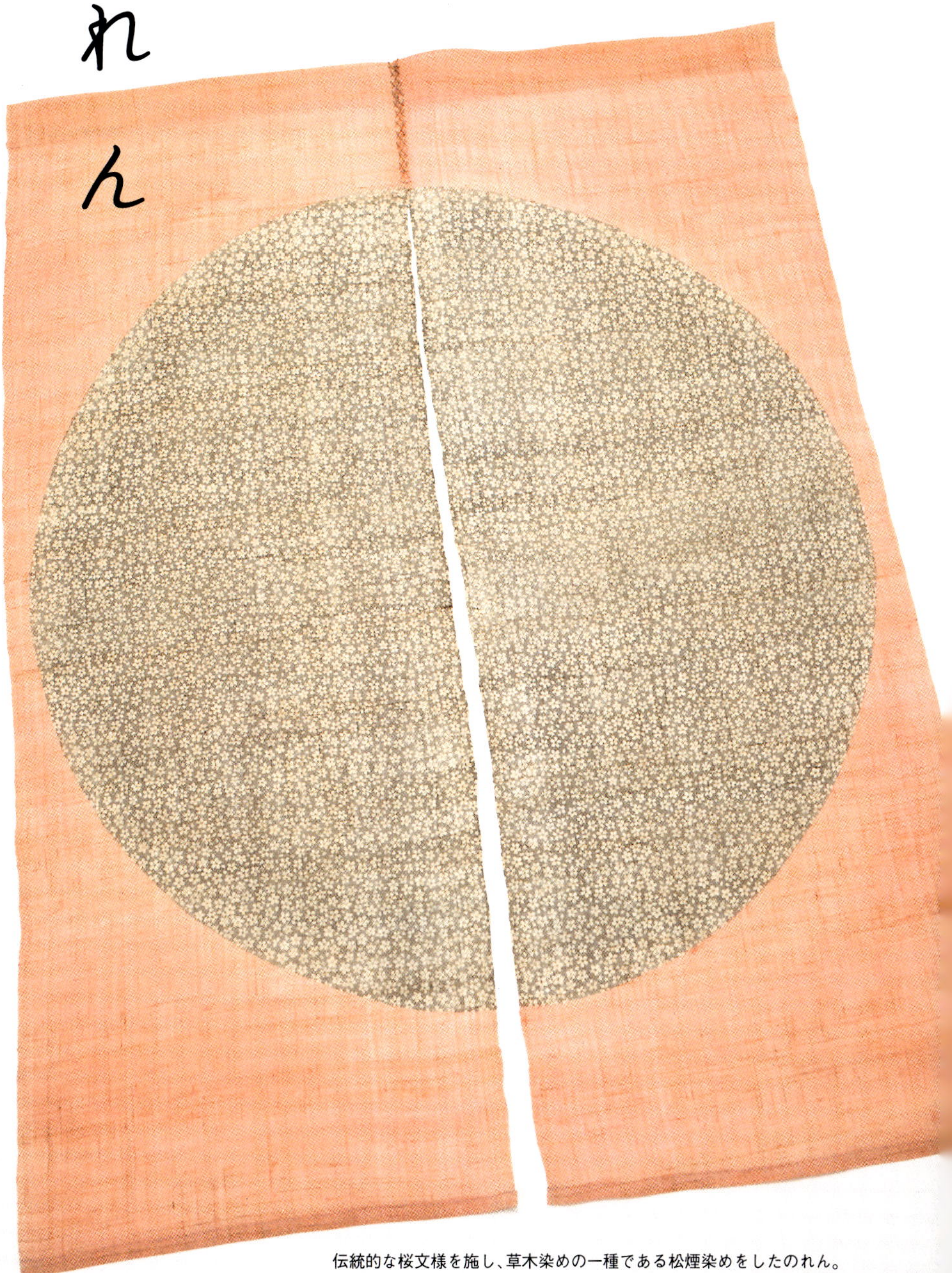

伝統的な桜文様を施し、草木染めの一種である松煙染めをしたのれん。素材は本麻100%。着物と同じ仕上げを施すというこだわりが、高品質なのれんを生み出している。2万8000円と値ははるが、このところは高価なものほど売れる傾向にあるという。

ざぶとん

座る暮らしを楽しみたいときの必需品

生活が欧米化し椅子の生活が一般的になったわが国では、正座が得意という人はあまり多くはないだろう。住空間もフローリングやカーペットが床を覆い、畳の部屋は客間として一家に一部屋が普通だ。必然、ざぶとんはクッションにその座を追われつつある。それでも、日本人の遺伝子は座る生活を忘れがたいらしく、ソファーを背もたれにして床に座る人は多い。そんなときにざぶとんを使ってみてはどうだろうか。クッションでは足を納めるどころかお尻さえ支えてくれない。しかし、ざぶとんならゆったりと身体を受け止めてくれるはずだ。

ところで、ざぶとんは正方形ではない。長方形なのである。とはいってもほとんど正方形にしか見えない、4センチの差。しかも用途によって大きさが違う。八端判、銘仙判、茶座部など。それぞれお客様用、嫁入り道具、普段使い、茶席用、法要用と全部で6種類ある。すべてに共通する微妙な寸法の差は、正座したときに足先がはみ出ないように考えられた寸法だという。

床で使うのは銘仙版がもっとも一般的だが、ダイニングの椅子クッションとして茶座部を使ってみるのもなかなかしゃれていないだろうか。そしておもしろいことに、ざぶとんには正面がある。四辺のうちの輪になった一辺が「顔」にあたるそうだ。何でもないことではあるが、そんなことが頭にあるだけで少し暮らしが豊かになるような気がする。

それにしても、無性に畳に寝転びたくなることがあるのはどうしてだろう。ごろんと大の字になって。そんなときはざぶとんを半分に折って、枕にする。正しい使い方ではないが、気持ちいいのだから仕方がない。ざぶとんには我慢してもらおう。

水田
新潟県小千谷市木津262-76
☎0258-82-3213
http://www.kinuito.com/

最高級の麻、小千谷縮（おぢやちぢみ）や小千谷紬（おぢやつむぎ）を使ってのれん、ざぶとん作りを手がける。製品は伝統技術を身につけた職人たちにより、自社工場ですべて作られている。商品は都内有名デパートなどでも販売されている。

のれん

2枚の布によって生まれる新たな空間を楽しむ

洗いざらした藍染ののれんを掲げる飲み屋を見れば、ちょっと実力がありそうだ、と想像できるし、ちょいと額あたりに手をやって払いのける短いタイプは寿司屋やてんぷら屋のもの。飲食街の店先を見れば、丈や幅、素材の違うさまざまな種類ののれんがあることがわかる。

商店とは切っても切れないのれん。「のれんを守る」「のれん分け」「のれんにかかわる」などの、商売にまつわる言葉が多いことからもわかるように、のれんは商店の看板、顔としての役目を担ってきたのである。

一方、日除け、風除け、塵除けの役目もしていた。現代では、目隠しの意味合いも加わり、一般家庭でも使われるようになって、のれんの役割が大きく広がったといえるだろう。

玄関先に、洗面室に、台所にと、つなぎ合わせた2枚の布を垂らしておくだけで、ふっと空間が遮断される。それが麻でできた薄地のものであっても、別の部屋と思えるほどだ。日本人のこの微妙な心理を作り出すところなど、さすがに歴史ある道具だ。こんなに便利なのだから、日本の狭い家屋のゆるやかなパーテーションとして、もっと広く使われていいものだと思う。家庭で使うなら、高価な正絹ものより手ごろで洗濯のできる綿や麻が適しているだろう。のれん屋のご主人によると、ここ数年の動きとしては、麻のほうが年間を通して使えるうえ軽やかな印象から人気があるという。綿素材のものより、日本的で不思議と新しさを感じることも人気の秘密かもしれない。

奈良時代から使われていたという説もあるほど、古い歴史をもつのれん。これからいったいどのような使われ方をされていくのか、楽しみな「布」である。

水田
新潟県小千谷市木津262-76
☎0258-82-3213
http://www.kinuito.com/

のれん、ざぶとんだけでなく、「水田」ではタペストリー、洋服から寝具、ランプシェードなどさまざまな商品に麻や紬、縮、絣を使っている。伝統的な技術に現代的なデザインをしたものたちは、本物志向の多くの人たちに支持されている。

タモモパンツ

薄手だがしっかりした木綿生地に顔を寄せると、藍染めが濃く香って気持よい。太股から徐々に絞られていく適度に細身の裾が、野外での立ち座りの作業の繰り返しでも足にからみにくく、常に動きやすい。この軽快さがそのまま部屋着に楽なのはもちろん、その細身のフォルムは街で着ていてもスマートだ。

ハンコタンナ

昔はどの家でも自分で作った。藍染めのハギレ布を複雑に縫い合わせ、ひもをつけてあり、それを頭から被って顔を覆い隠す。目の上にひさしがあり、ちょっと被って日差しから保護する。構造、意匠ともにじつによくできている。暮らしから編み出した知恵が細部に生かされている。

タモモパンツ

もんぺが進化した藍染めのイージーパンツ

この「もんぺ」に最初に出会ったのは、僕よりふた回りほど年上の友だちのおかげだった。彼は天性の自然人で、日本各地、アジア各地への旅の末に伊豆大島に家族と住み着き、自然海塩作りを手伝ったり、北アルプスや八ケ岳の山小屋に出稼ぎに行ったりといった暮らしを続けていた。そんな合間に東京に出ると、ふらりと僕たちの店「GAIA」に顔を出して、互いの近況や仲間の噂などを交換するのだった。そんなあるとき、彼が、本当に気持ちよくて楽な服だから売ってみないかと、取り出したのがこの「もんぺ」だった。

農作業に庭師に、大工に山小屋のオヤジと、およそ体を動かすことにかけてはプロフェッショナルな仕事ばかりしてきた彼が使って「よい」とすすめる野良着なのだからわるいハズがない。その素朴でしっかりした作りも気に入ってさっそく店先に並べると、あっという間に、売れ筋商品となっていった。一応男性用ということだけれど、買ってくれたのは女性が多く、部屋着としてだけでなく、ちょっとアジアっぽい上着などと合わせてオシャレに着こなす人もいた。皆まずその着心地が楽なことを喜び、着こんでいくうち、正藍染めの風合にさらに愛着を深める。夏の汗にもべたつかず、さらに街で着ても意外にスマートだと気づくのには、そんなに時間がかからなかった。そしてすっかり店の定番になり、気がつけばもう8年以上売り続けている。

江戸時代から続く武州正藍染めの「もんぺ」。製造元の野川染織工業さんに聞くと、現在も純粋に野良着としておろしているのみで、紹介できるお店もないとのこと。これを機に、あらためてこの「もんぺ」を多くの人にはいてもらいたいと思った。♧

御茶ノ水GAIA
東京都千代田区神田駿河台3-3-13
☎03-3219-4865
http://www.linkclub.or.jp/~gai-a/

現在、流通がごく限られていて、紹介できるのはGAIAだけ。商品名は「武州正藍染めのもんぺ」3500円、通称「たももパンツ」。これは田植えのときにはいたももひき、「田ももひき」をもじったもの。なんだかかわいい。製造は野川染織工業（☎048-561-0368）

ハンコタンナ

コレで日焼け対策は完璧。美白美人必携のずきん

女性は目が美しい。男の心を惑わす魔力を秘めている。顔を全部さらすよりも、他を隠して目だけ出すと妖しい魔性が際立ってドキッとさせられる。中東諸国のイスラム圏の女性がいい例だ。顔を黒いベールで覆って、黒い目だけを強調している。みんな美人に見える。結局、顔の美醜というのは、目と眉毛、鼻、口などの個々の造作や輪郭のバランスで決まるということがよく分かる。

日本にもそんな女性の被《かぶ》りものがあった。東北の山形地方の伝統的な習俗である「ハンコタンナ」。木綿の藍染めの布を縫い合わせて、目を除いて頭から顔をすっぽり覆い隠す。これが何とも艶っぽい。もっとも、こういう女性の被りものは山形だけでなく、全国各地に日常的な習慣として行なわれてきた。秋田地方では大きな風呂敷を被りものにした「フロシキボッチ」がある。オカブリ、三角ボッチなどともいう。他の地方では手拭いを被りものにする。女の手拭い被りには姉さん被り、子守り被り、婆さま被りなどがある。

ハンコタンナなどの被りものは、もちろん男の目を意識したものではなく、本来の目的は日除け、雪除け、埃除けなど、大切な頭部や顔を保護するもので、とくに外に出て働くことが多かった女性には欠かせないものだった。日焼けは女性の大敵。雪国では雪の反射で紫外線が強い。冷たい風も肌をいたぶる。ハンコタンナは防寒の役目もした。藍染めは虫除けにもなる。また、布で頭部を包むのは、慎しみや信仰の対象で、一種の魔除けでもあった。悪霊や敵方の力を拒み、魂を縛って悪霊を浄化するという意味がある。

ハンコタンナは、現代でも充分利用価値がある。しかも、女性が美しく見える。男にも歓迎である。

道の駅あつみ
山形県西田川郡温海町早田字戸ノ浦606
☎0235-44-3211
http://www.town.atsumi.yamagata.jp/

道の駅あつみ（しゃりん）では地元の特産品や日本海で獲れる新鮮な魚介類などを食べられるレストランもある。ハンコタンナは地元の人の手作りで、2700円で販売されている。

リュックサック

(上)細野商店「リュックS0402」1万6000円。帆布製で底やベルトは牛多脂革使用。容量20ℓ。全14色。(左ページ上) 一澤帆布「310リュック」2万6000円。縦長のズタ袋のようだが、意外と使い勝手はいい。雨ブタはなく、口ひもで縛るシンプルでクラシックなスタイルがストリートでもうけている。(同下) シライデザイン「sololi・250」3万2800円。「大人のザックプロジェクト」で小社『山と溪谷』編集部との企画協力で開発されたリュックサック。こちらは4号帆布にタンニンなめし革、真鍮金具を使用。

京都市東山知恩院前上ル
一澤帆布製

リュックサック

理にかなった自然素材で、まさに自然にとけこんでみては？

登山用具としてのリュックサックに求められる条件は、基本的に軽くて丈夫であること。もちろん、機能性も優れていなければならない。このうち丈夫であることは絶対条件のひとつといえる。たとえ近郊の低山ハイキングであっても（いやタウンユースであったとしても）、途中で壊れてしまってはリュックとしての用を足さないばかりか、にっちもさっちもいかなくなってしまうことだってあるのだから。

しかし、軽さに関してはよほど厳しい登山にでも行かない限り、ある程度の許容範囲があるのではないだろうか。ましてや、日常生活から週末ハイキングあたりまで幅広い場面で使うのであれば、多少の重量増や機能性を犠牲にしても、ファッショナブルで自分の気に入ったものを選んでいいと思う。

そういう観点から探してゆくと、自然素材＝帆布のものに軍配が上がる。帆布とは綿を素材にした厚手の平織り布の総称で、キャンバスともいう。実際に船の帆に使われているわけではない、念のため。

ナイロンに代表される化学素材は軽さや防水性など優れている点は多いけれどもいまひとつ味気なく、しかも新品の状態をピークに、使えば使うほど古くみすぼらしくなる。その点、帆布は数字上では化学素材に敵わない点が多いものの、しっくり自然にとけこみ、また、使うほどに古くはなるが、それは「味」という形で表れて愛着が湧いてくる。いわば、感覚的な面で勝っているのだ。

帆布製のザックは一時期、一部の専門店を除いてほとんど見ることがないほどまで減っていた。しかしここ数年、静かなブームといえるほどまで、また人気が高まってきている。それはかつてキスリング（帆布製の大型リュック）を使っていた年配層が懐かしがって背負うこともあれば、物珍しさや自然指向から使い始める若者まで幅広い層にわたっている。

帆布にこだわってきた専門店の一軒、細野商店の三代目細野昌昭さんに帆布について語ってもらった。

「なんといっても天然素材のよさということです。愛着を持って使ううちに、体になじんで形となって表れてきますから。

素材は綿100%。9号という厚さのものを使います。化学素材のリュックは岩に引っ掛けたりしてビリッと破れることもありますが、帆布の場合はそういうことはありません。もちろん、使ううちにこすれて擦り切れてはきますが、それがよさでもあり、また修理も可能です」

細野さんによれば、もともと帆布には防水処理を施していなかったという。使ううちにホコリ等で目が詰まり、さらに雨に濡れて目が詰まって防水効果が高まるという。しかし、水を吸えば重くなることもあって、現在、細野の帆布はパラフィン防水を施している。この防水性は5年10年使ったところで、効き目がなくなるようなことはないという。

実際に日々の生活の中で帆布製のリュックを愛用する知人がいた。新品時は帆布特有の硬さから、背中に箱かカゴでも背負っているような違和感があったのが、2、3カ月経ったあたりからショルダーベルトや雨ブタになじみが出始める。半年も過ぎるとリュック全体がこなれて背中に収まるようになり、個人の使い方―よく触るところや置く場所、入れる荷物などが、なんとなく表れてくるからおもしろい。2年も使ったあたりで部分的に擦り切れてきたが、毎日使っていればそうもなろう。

それでも、長持ちさせるにはどんなポイントがあるのか。

「ひとつは荷物を詰めすぎないこと。どうしても形が崩れますから。もうひとつは汗をかいたり雨に濡れたときに、そのままましまいこんでおかないこと。湿気はカビを呼び、そこから腐ってきます。使った後は陰干しして充分乾燥させてください。

あとは、ときどき、せめて1カ月に1回は使ってください。使うことでリュックはなじみが出ますし、部分的に使用している革も手の脂がついたりして保護になりますから」。

ひとつのリュックを長く愛することは、山や自然を大切にする気持ちにもつながるだろう。そして帆布こそ、それにふさわしい素材なのではないだろうか。

細野商店
東京都渋谷区渋谷1-10-10 FAD16ビル
☎03-5464-5933
http://www.hosono-jp.com

シライデザイン
東京都中野区本町6-27-12 豊国ビル
☎03-3382-1707
http://www.shiraidesign.co.jp/

いずれの会社も直接上記店舗にて購入可能なほか、通販も受け付けている。カタログも作っており取り寄せ可能。一澤帆布はP41に掲載の住所、「一澤帆布 カタログ請求係」まで。また、各社、修理も実費にて受け付けている。

トートバッグ

シンプルでありながら、いやシンプルであるからこそ選ぶの悩むがトートバッグ。右ページは一澤帆布の「トートバッグNo.17」(5000円)。左ページは左上から時計回りでパタゴニアの「オーガニックコットン・トートバッグ」(1800円)、無印良品「8号帆布バッグ手提げ」、ぐらする一つ「ヘンプトートバッグL」(2800円)。

トートバッグ

自分の究極のトートバッグを求めて、今日もさまよう!?

トートバッグは僕の生活と仕事には欠かせない。買い物に行くときには大きめのザックリしたものを持っていく。携帯用としては、ペラペラの薄いものがカバンの隅に収まっている。仕事などでパソコンや資料などを持って出るときには、パリッとコシのあるポケット付のトートが欲しくなる。(この場合、布地もちょっと厚手が理想的)ずいぶん昔には、車載用に1mぐらいの、冗談みたいな大きいトートにいろいろと放りこんでいたときもあった。なにかと便利で、今でも常に4、5枚は持っている。

そんな具合に、今までかなりたくさんのトートバッグを使ってきたけれど、実際に満足できるものは少なかった。もう少し肩ひもが長ければ、色がもうちょっと落ち着いていれば、布地にもう少し張りが欲しい、ポケットが欲しい、袋の大小から布地の硬さ、深さとマチのバランス、ポケットの付き方、素材などなど、バリエーションは無限だが、自分の好みやクセもあって満足できるモノにはなかなか出会えない。

これまで、いったいどれぐらいのトートバッグを使ってきたのだろうか。こうして原稿に向かっていると、自分でも驚くぐらいそのときどきに使っていたトートバッグを思い出す。ざっとこれまで20本以上は使ってきたはずで、そんなこれまでの遍歴を思い出しながら、選んでみたのがここに紹介する4タイプだ。

創業100年近い歴史を背負い、あくまで丈夫で長もちする帆布袋の製作を掲げる「一澤帆布」。もともと牛乳屋さんや酒屋さん、職人さんが自転車に引っかけていく袋の製造から一澤は本格的に始まったという。京都東山知恩院前の本店での販売か通販のみという直販にこだわる姿勢。どこを切っても王道を行く老舗でありながら絶妙に軽やかな存在感。ポップで落ち着いた色合いで並ぶその姿は雄弁だ。使っていていちばん痛みやすい持ち手と本体のフチを3本のステッチで縫いあげ、そのこだわりが逆に軽やかなデザインとなっているバランス感に脱帽する。

　また、アウトドア派におなじみの「patagonia」が販売する、オーガニックコットンのトートバッグ。これは個人的に考えるトートの理想に近く、即購入。やや薄手の本体帆布でたっぷりとった容量、過剰なほど長めの肩ひもの2点がポイント。日本のトートバッグの平均値からはアンバランスに感じるシルエットだけれど、ヘビーユーザーほど不満を感じやすい容量や軽さ、持ちやすさのポイントを軽くクリアして、夏の遊びにも使いやすそうだ。オーガニックコットンを当たり前に使っているのもうれしい。こうした時代と環境へのこだわりはpatagoniaらしいし、それを大上段に構えるわけでなく実行しているのがまたイイのだ。

「無印良品」の8号帆布バッグ手提げは一般的な日本のトートバッグの代表格かもしれない。日常使いに過不足のない容量とスッキリしたシルエット、女性の街使いに定番の感がある。

「ぐらするーつ」のヘンプトートバッグは、ザックリした太い麻生地で大きめに作られている。袋には薄手の綿で内張補強されていて、外見以上に繊細な仕上がりだ。第三世界との経済、労働、人権的な不均衡をバランスし直そうというフェアトレードのコンセプトの元に、ネパールのパートナーが作っている。ヘンプ＝麻という素材もまた循環持続性に優れた、古くて新しい注目の素材だ。若いスタッフたちの試行錯誤が詰まった作りに、これからの可能性を感じる。

　自分の理想のトートバッグを求めるうえで、踏まえるべき点はいつ、どこで、どのように使うのかということ。街でカジュアルに使うときと、フィールドでラフに使うときとでは求めるべき機能もデザインも違う。シンプルゆえの気軽さはトートバッグ最大のポイント。街で山で海で、バンバン使って自分の理想のトートバッグを、見つけよう。

patagonia
神奈川県鎌倉市小町1-13-12本覚寺ビル2F
☎0467-23-8970
http://www.patagonia.com

ぐらするーつ
東京都豊島区東池袋3-1-3　サンシャインシティー
ワールドインポートマート5F　舶来横丁内
☎03-3987-8482
http://member.nifty.ne.jp/groots/

良品計画
東京都豊島区東池袋4-26-3
☎03-3989-4403
http://www.muji.com

一澤帆布
京都市東山区東大路古門前（知恩院前）上ル西側
☎075-541-0138
http://www.ichizawahampu.co.jp

一澤帆布の商品を通販希望の場合は300円分の切手を同封して右記の住所　カタログ請求係まで。またその他各商品はネットからも購入可能

買い物かご

(右)ブドウ皮細工の手提げかご。下は上下アジロ編み5万4000円。上はアジロ編み駒型4万円。新品でも美しいが、使いこんで「自分色」のつやを出すのが楽しい。(左)細目こだし編みによるアケビつる細工のかご。写真は底が9寸のもので1万3500円。編み方や材料、職人により値段は違う。

買い物かご

樹皮やつるを使ったかごは、使うほどに手になじむ

1軒の店ですべてがそろうスーパーの普及で、買い物は手ぶらで出かけて白いポリ袋を下げて帰るようになった。だが、30年くらい前までの買い物といえば、晩のおかずを考えながら、対面販売でひとつひとつ材料を買いそろえていくのが普通だった。そんなとき、何を買ったかすぐにわかり、また玉子のような壊れやすいものを保護してくれるかごのメリットは大きかった。どこの家庭にもそこの主婦の手になじんだ買い物かごがあったはずだ。

かごはかつて木の皮やつる、竹などの天然素材を使って全国各地で作られていた。なかでも弘前を中心とした津軽地方は、あけびつるを使った細工ものが盛んだった。大正初期には職人の数５００人あまり、海外に輸出までされた一大産業でもあった。その歴史は古く、紀元前４５００年の三内丸山遺跡からブドウ皮細工が発掘されていて、縄文中期にはすでにあけびつる細工品も使用されていたと推測されている。

とはいえ、全盛を誇った津軽のあけびつる細工も、ビニールかごの登場や冒頭のようにかご自体の需要が減って、今では弘前市内にわずか2社、隣町の岩木町で個人の製作所が1軒残っているにすぎない。

さて、あけびつる細工の材料となるのはミツバアケビのつる。あけび自体は全国どこにでもあるものだが、量を集めようと思うとなかなか難しい。だが、ここ津軽地方は広範囲にわたって多く自生している。その特徴は細くて硬く、細工がしやすくてなおかつ丈夫。そのうえ見た目もきれいと、竹にも木にもない性質を持っている。修理しながら使えば長持ちするものだが、実用品の宿命か、捨てられたり焼かれたりして古いものはほとんど残っていないという。

弘前市内であけびつる細工を製造・販売している宮本工芸を訪ねてみると、大小さまざまなかごやランプシェードなどが積み上げられていた。社長にして職人でもある宮本一志さん(54歳)に製作工程をうかがう。

「材料は青森県産のみを使用します。

あけびはその年に生えた若いつるを採取しますが、1年のうち採れる期間は1カ月のみ。これを2、3年陰干しにして乾燥させます。作業前には水につけて柔らかくし、使う場所によって材料を選んだり太さをそろえたりといった下準備をします。

　手提げの場合、木型を使って編んでゆくのですが、編み上げるのに丸1日というところですね。ものによっては型を使わないこともあり、こちらは各職人の〝味〟が出ます。

　編み方には並み編み、あじろ編み、こだし編みなど30以上の種類がありますが、どれを使うかは用途というよりも職人の好みによって決めることが多いですね」

　ひととおりの編み方を習得するには最低でも7年はかかるという。しかし、だからといって高齢者ばかりかといえばそうでもなく、宮本工芸の職人は84歳から25歳まで幅広い。昔は農家が農閑期に作っていたものだが、やる気さえあれば定年後のセカンドライフとしての職人入門も可能だという。

　ところで、津軽ではあけびつる細工だけでなく、ブドウ皮やネマガリ竹細工も作っている。これらも伝統的なものだが、なかでもブドウ皮細工はその貴重さと独特の風合いから人気上昇中だ。

「あけびは最初からつやがありそんなに変化はしないのですが、ブドウ皮は使い込むほどに深い艶が出て黒光りし、独特のいい味が出てくるのです」。そういって見せてくれた宮本さん愛用の書類入れは、まるで漆でも塗ったような光沢を放っていた。

　しかし最近、その人気に目をつけ、中国製の粗悪品にウレタン加工した〝それっぽい〟ものも出回っているらしい。もちろん、そうした粗悪品は使いこんでも味など出ないし、傷みも早い。

　あけびつる細工もブドウ皮細工も、材料の加工や編む手間などから、今では決して安くないものになっている。だが、もとはといえば実用品。湿気には注意する必要があるそうだが、それ以外は普通に使って構わないし、それでこそ価値がある。汚れたら軽くタワシで水洗いし陰干しすればいい。使ううちに底や角が割れてくることもあるが、その部分だけ修理もしてくれる。そうやって末永く使ううちに、手になじんだ自分だけのかごとなってゆく。 H

宮本工芸
青森県弘前市南横町7番地
☎0172-32-0796
http://www.amicus.co.jp/ad/miyamoto/miyamoto.htm

右記で直接現物を見て購入できるほか、インターネットでの通販も可能。全国のデパートで開催される物産展などにも出展することが多く、ここでも現物を見ることができる。編み方や形、サイズなど自分の好みを伝えてのオーダーメイドにもできる限り応えてくれる。

ぞうり

最高級南部表を使用した雪駄。サイズSは7寸7分で、昔はこれが標準サイズだったが、今は8寸のMが一般的。2万4000円から。皮革製はカジュアル向き。女性ものの南部表は、自分の好きな色の鼻緒をすげられる。3万円から。日常はくならビニール表の廉価版でもいい

げた

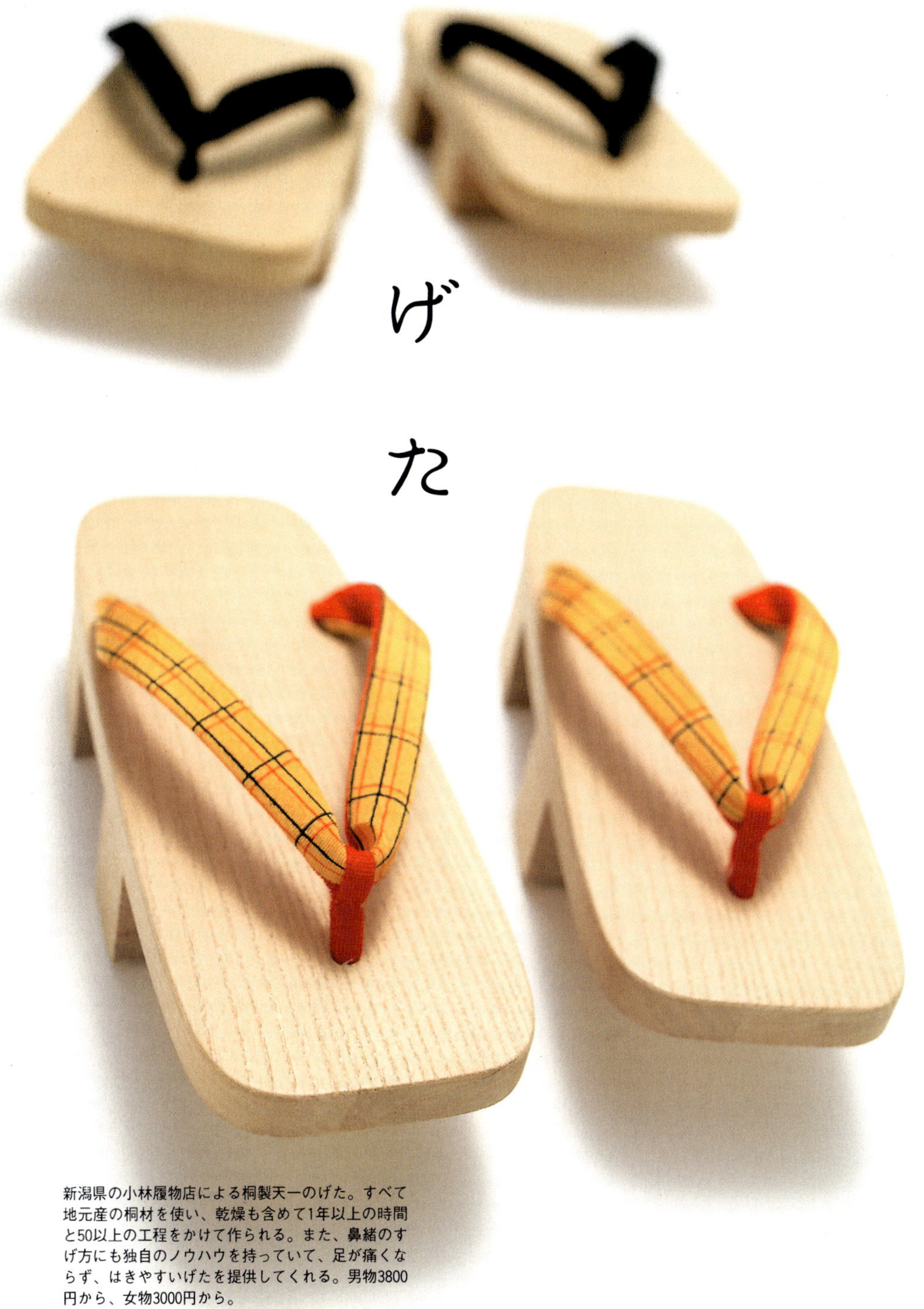

新潟県の小林履物店による桐製天一のげた。すべて地元産の桐材を使い、乾燥も含めて1年以上の時間と50以上の工程をかけて作られる。また、鼻緒のすげ方にも独自のノウハウを持っていて、足が痛くならず、はきやすいげたを提供してくれる。男物3800円から、女物3000円から。

ぞうり

羽織袴、浴衣そしてスーツ!? まで、粋を気取る一品

ストライプのダークスーツや開襟シャツに身をつつみ、猥雑《わいざつ》な歓楽街を眼光鋭く闊歩《かっぽ》してゆくおアニイさん。ジャッジャッと響く足元の金属音に目をやれば、爬虫類とおぼしき皮革の雪駄《せった》が……。なんて、ちょっとアウトローの香り漂うはきもののイメージのある雪駄だが、じつはこれ、その昔に千利休が考案した由緒あるはきものであり、れっきとした日本人の正装アイテムなんである。

その正統派にして最高級品は、「南部表」と呼ばれる竹の皮を編んだものを表に使用し、表面はまるでプレスでもしたようにペタッとまっ平でなければならない。表はおもに四国で編まれ、縫い付けは東京や大阪で行なわれている。底は革で、カカトには小さな金具が埋めこまれている。クサビ型の金具もあるがこれはプロテクタと呼ばれ、オリジナルはあくまで馬蹄型だ。独特の音を楽しむのと同時に、底の補強を兼ねている。正装として和服と合わせてはく場合には、足袋をはいた上からはく。

同じように南部表を使用した女性物もあるが、こちらは雪駄とはいわず「南部表ぞうり」と呼ぶ。女性の和装のはきものというと、金銀あるいは錦のぞうりが一般的だが、織物の鼻緒をすげた南部表ぞうりも正装としてはいてかまわない。

雪駄をはくうえでいちばん注意しなければならないのは濡れること。中の芯が水を吸うとブワブワになってしまい、乾かしても二度ともとに戻らない。マニアは「雨が降ったら雪駄を懐に入れ、裸足で帰る」というほどだ。汚れた場合は固く絞った手ぬぐいで表を拭く程度にとどめておく。飲食店の厨房で働く人や雨天が予想されるときなどは、ビニール製の表を使った廉価品を使用するといいだろう。

現代屋
北海道札幌市中央区南2条西3丁目8
☎011-214-2807
http://www.gendaiya.co.jp

創業昭和8年、札幌の繁華街狸小路の一等地にある和装のはきもの専門店。趣味の最高級品から実用的な廉価品まで、男女を問わず数多くの商品を取りそろえている。インターネット通販も行なっており、ホンモノを求める全国の顧客から注文がある。

げた

かつてどこの家にもあった日本人を象徴するはきもの

げたは庶民の普段ばきだった。靴が普及する前は、どこの家庭にも必ずあったし、子供も女学生も学校へ行くのはげただった。当時、道路は舗装もされておらず、雨や雪の多い日本では泥が跳ねず足を汚しにくいげたは理にかなったはきものでもあった。

げたは日本独自のはきものといわれているが、その形状は用途や地域によってじつにさまざまだ。一般にげたと聞いて思い浮かぶのは、四角い上板に2本の歯がついた天一、並柾《まさ》と呼ばれるもの。天一は上板に歯を張り合わせたもの、並征は一枚の材から作ったものをいう。さらに柾目を縦に通したものは天目、本柾目などと呼ばれ高級品とされる。また、ぞうりのような形をした右近は女物の代表的な形で、白木や塗りなど仕上げにもバリエーションがある。

材料は桐が多く使われる。福島県会津地方産のものが「会津桐」として有名だが、それ以外にも新潟、岩手、山形などの産地があり、木目が多く目の詰まったものが高級とされる。材は玉切りにして大まかなげたの形に切り出したのち、充分に乾燥させて仕上げの工程に入る。

さて、げたをはくうえで重要なポイントが鼻緒の部分。はき慣れない現代人は、鼻緒が足に合わないとすぐに足が痛くなる。その調整は前坪といわれる指の股があたる部分の長さや、後ろの差しこんである部分の取り付け方で行なえるが、素人にはなかなか難しく、専門店に委ねたほうがいい。また、サイズはかかとが少し出るくらいの小さ目のものを選ぶと、歩きやすくカッコもいい。

げたは汗をかいてもベタつくことなく、カランコロンという音もどこか涼しげだ。粋な浴衣を羽織り、縁日にでも出かけてみようか。Ⓗ

小林履物店
新潟県西蒲原郡巻町巻甲2219
☎0256-72-3334
http://www2.ocn.ne.jp/~getaya/

右記店舗では、ここに紹介したスタンダードなもののほか、オリジナルデザインも含めて数多くのげたを取りそろえている。また、毎年全国20箇所以上のデパートで開催される新潟県物産展にも出展し、そこでの購入も可能。
このほか、インターネットによる通販も可能。

北国の防寒長靴

ミツウマのトラディショナルな防寒長靴「ダービーキング長No.207 muhws」。一見普通のゴム長に見えるが、内側にはウレタンの断熱材が入り、カカトには折りたたみ式のスパイクが装着される。最近ではPUレザーやE.V.Aといった新素材を使ったマリンブーツタイプが主流で、こうした黒い長靴は減りつつある。

南国のビーチサンダル

葉山「げんべい」で売っている内外ゴム社製ビーチサンダル「ブルーダイヤ」。天然ゴムを使った耐久性抜群のビーサン。地元サーファーから漁師まで、夏冬を問わず愛用している。カラーバリエーションは鼻緒の色とベースの色の組み合わせが自由で100パターン以上の組み合わせが可能だ。980円。

南国のビーチサンダル

はきこめばはきこむほど手放せない素足の友

人間がよりナチュラルな生活をする意味でも自分の足元から見つめ直してみたい、というのははきもののこと。人が靴をはき始めたのがいつごろなのかはわからないが、はるか昔、人は裸足で生活をしていた……、とはいっても、今、裸足で歩くわけにもいかない。そこでお勧めしたいのがビーチサンダルである。ビーサンは、もともと浜辺を歩くためのものだが、素足に近い感覚で大地の凹凸を足裏でじかに感じながら歩くことができる自由なフットウエアとも言える。

とくにこのビーチサンダルは、内外ゴム社で製造されている「ブルーダイヤ」というブランドで、本体、鼻緒とも天然ゴムを使った気持ちのいい国産ビーチサンダルだ。一見すると普通のサンダルだが、各所に人間工学に基づいた工夫がされている。本体部分の底厚はかかと部分が1.7cm、そしてつま先部分が1cmと緩やかな傾斜がついている。また、鼻緒部分のちょうど親指の股が当たる部分は、親指に股の形に合わせるような形状をしているので、長い時間はいていても痛くない。発泡天然ゴムは耐久性があり、はけばはくほど自分の足になじんでくる。自分も家が海に近いこともあり、夏冬を問わずはきこんでいるが、はきこむほどに愛着が湧くのはもちろん、とにかく壊れない。底のゴムが紙のように薄くなるまではいても、鼻緒が抜けたり割れたりすることはまったくない。そしてますますはきごこちは素足に近い感覚になってくる。それに加え、このビーチサンダルの魅力は、カラーバリエーションが豊富で、鼻緒と本体の色が自分の好みに合わせて自由に選べるという楽しさにある。鼻緒、本体ともに10色ずつ、計100パターンの組み合わせが可能だ。

げんべい

神奈川県三浦郡葉山町堀内389
☎0468-75-2117
http://www.genbei.com/

店の前に並んだビーチサンダルが圧巻。夏冬を通してビーチサンダルを販売している。時もとのサーファーから漁師まで多くの人に愛されるお店。インターネットでの通販も可能。HPの画面上で自分の好きな色の組み合わせができる。サイズ23～28cm／980円。

北国の防寒長靴

雪国の冬を快適に歩くため工夫が靴底に詰まっている

積雪地に暮らしていると、玄関を開けたその瞬間から長靴は必需品となる。雪かきするオトーさんも、買い物行くオカーさんも、そして学校行くボクちゃんも、家族全員長靴を持っている。地域によっては1年の半分近くをはくだけに、いいものを選ぶことがそのまま冬を快適に越すことにもつながってくる。

大正8年創業にして国内大手のミツウマによれば、長靴には独特のノウハウが必要なのだという。その最たるものがフィット感。靴ひももなければ足裏をホールドするインソールもない長靴は、ガッポガッポして当たり前と思う人が多いだろう。違うのだ！　ミツウマの長靴はスポンとはけて、それでいて足にフィットする。長年の積み重ねは独自のノウハウを生み、山で海で畑で働くプロからも大きな支持を得ている。

また、雪国の長靴の特徴といえば優れた防寒＆防滑性能だ。なかでも凍結路を安全に歩くための防滑性は、常に新しい機能、素材を取り入れて進化している。これまでに、折りたたみ式ミニアイゼンとも言える金属製のスパイクから始まり、クルマのスパイクタイヤに似たピンを埋めこんだものや、今でも氷の上では最強といわれるセラミック粒子を練りこんだソールなどを開発。そして、最新の技術が摂氏2度以下になると金属並みに硬く変化する特殊ゴムをソールの数箇所に埋めこんだものだ。

長靴は薄いゴムシートを手作業で何枚も張り合わせて作られる。人件費がかさむことから、現在、日本で売られている長靴の9割以上は中国製だ。残念ながらなかには粗悪品も少なくない。ミツウマでも中国に工場を持ち80％以上が中国製だというが、メーカーの直接指導によって高品質の製品を作り続けている。Ⓗ

ミツウマ
北海道小樽市奥沢4-26-1
☎0134-22-1111
http://www.mitsuuma.co.jp

チヨダ、マルトミなどの靴専門店のほか、イトーヨーカドー、ポスフールの靴売り場などで購入できる。地方では3頭の馬をデザインしたミツウママークの看板が目印。ディスカウントストアなどにはおろしていない。インターネット販売もしていない。

靴べら

靴屋でもらえるプラスチックの簡単なものでもじゅうぶんに役に立つけれど、一日の始まりに使うものだけにこだわりをもちたい。ソメスの革製靴べら大（5000円）中（3500円）小（2000円）は馬具作りのノウハウをいかしてすべて手作りされる。

うちわ

（小）熊本県は鹿本町来民の栗川商店で作られる「渋うちわ」2000円〜。創業明治22年、現在の店主亮一さんは4代目。10人の職人で一日に約200本のうちわを作っている。（大）江戸うちわ（1500円〜）は、千葉県富浦町の太田屋によるもので浴衣地を貼ってある。竹を洗うのと穴あけ以外はすべて手作業で作られる。

靴べら

競馬騎手の命を預かるノウハウをいかして

競馬の騎手は幅18㎜のアブミの革ベルトに命を預けている。絶対に切れてはならないそのベルトは、革を知りつくしていなければ作れない。これが日本で事実上唯一の馬具メーカー「ソメス」の誇りであり自信でもある。そのノウハウは靴べらのような小物にもフルに生かされている。

靴べらは滑りのよさに加え、靴と足とのフィット感が大切だ。その点、革製の靴べらは適度なしなりをもち、滑りもいい。使うほどになじみが出るが、力がかかり摩擦もあるだけに、長く使おうと思ったらいい革を確かな技術で加工する必要がある。

では、いい革は何で決まるのか。ソメスの染谷社長によれば「なめし」だという。なめしとは生の皮を腐らせず、しなやかさを保たせる加工のこと。多くの皮革メーカーが短時間、低コストでできるクロムなめしを採用するなか、ソメスでは手間はかかるが耐久性に優れる伝統的なタンニンなめしを多く採用している。

「タンニンなめしは硬水を使うため、軟水しかない日本では不可能なんです。イタリア、イギリス、ドイツのタンナー(なめし職人)と一体になって、革を作っています」。タンニンなめしの皮革は有害物質を含まず、煮れば再び皮に戻る。ナポレオンが靴を煮て食料にしたという話も、あながち冗談ではないらしい。

できた革は、生きていたころの動きに逆らわない使い方——伸びる方向を考えて裁断、縫製をする。同社工場では約50人の従業員が、馬具とその他の革製品を隣りあって作っている。型抜き機やミシンも共通だ。

こうして生まれた靴べらをはじめとする製品は、飾り気がなくシンプルなものが多い。しかし、そのなかには確かな技術と信頼が詰めこまれ、使うほどににじみ出てくる。Ⓗ

ソメスサドル
北海道砂川市北光237-6
☎0125-53-5111
http://www.somes.co.jp/

右記ファクトリーショップのほか、札幌グランドホテル内、大丸藤井セントラル(ともに札幌市)で購入可。インターネットによる通信販売も行なっている。砂川のファクトリーショップ&工場は「北海道赤レンガ建築奨励賞」を受賞した北海道らしいオシャレな建物。

うちわ

竹という日本人得意の素材が意のままの風を送り出す

うちわの骨は竹でできている。あおぐたびに適度にしなり「ため」となって、強い風はより強く、弱ければ弱いなりに腰のある風を生む。じつに意のままに操れるもので、最新のエアコンだってなかなかここまで都合よくは働いてくれない。

ひと口にうちわといっても、実用一点張りのものから、絵柄や素材を楽しむ趣味のものまでその幅は広い。主な産地としては、四国の丸亀や京都・奈良、江戸、そして肥後(熊本)などが挙げられ、それぞれ特徴のあるうちわを作ってきた。

実用品という点では渋うちわがその筆頭。渋柿を潰して発酵・熟成させた柿渋を塗ることによって和紙をコーティングし、強度と防虫効果を持たせている。代表的な肥後の渋うちわは、形はいろいろあるが、どれも素朴にして力強さを秘めている。

いっぽう、趣味のうちわは、千葉県は房州（館山周辺）特産の江戸うちわが代表的。江戸時代に浮世絵や美人画を描いた絵うちわとして生まれ、女性の粋な装飾品として広まったという。関東大震災を機に、職人たちが材料となるメタケ（女竹）の多いこの地方に移り住んだ。

江戸うちわの特徴は骨の形状にある。細めのメタケをそのまま裂いており、柄が竹本来の丸い姿をしている。何本に裂くかではなく、骨の太さが均一かつ適当な太さになるように裂く。できた骨にはその繊細な美しさに合うような粋なちりめんや浴衣地を張る。

伝統的なうちわの製作には想像以上の手間がかかる。最近は半完成品を輸入する業者もあるというが、品質は職人の仕事にはかなわない。Ⓗ

栗川商店
熊本県鹿本郡鹿本町来民1648
☎0968-46-2051
http://www.uchiwa.jp/

太田屋
千葉県安房郡富浦町多田良1193
☎0470-33-2792
http://www.awa.or.jp/home/ootaya/

栗川商店の渋うちわは基本的に現地でのみ購入可能。通販等も行なっていないが、誕生祝や引き出物等数がまとまれば、特注も含めて応相談。太田屋の江戸うちわは千葉県物産協会、千葉そごうのほか、インターネットによる通販もできる。

すだれ

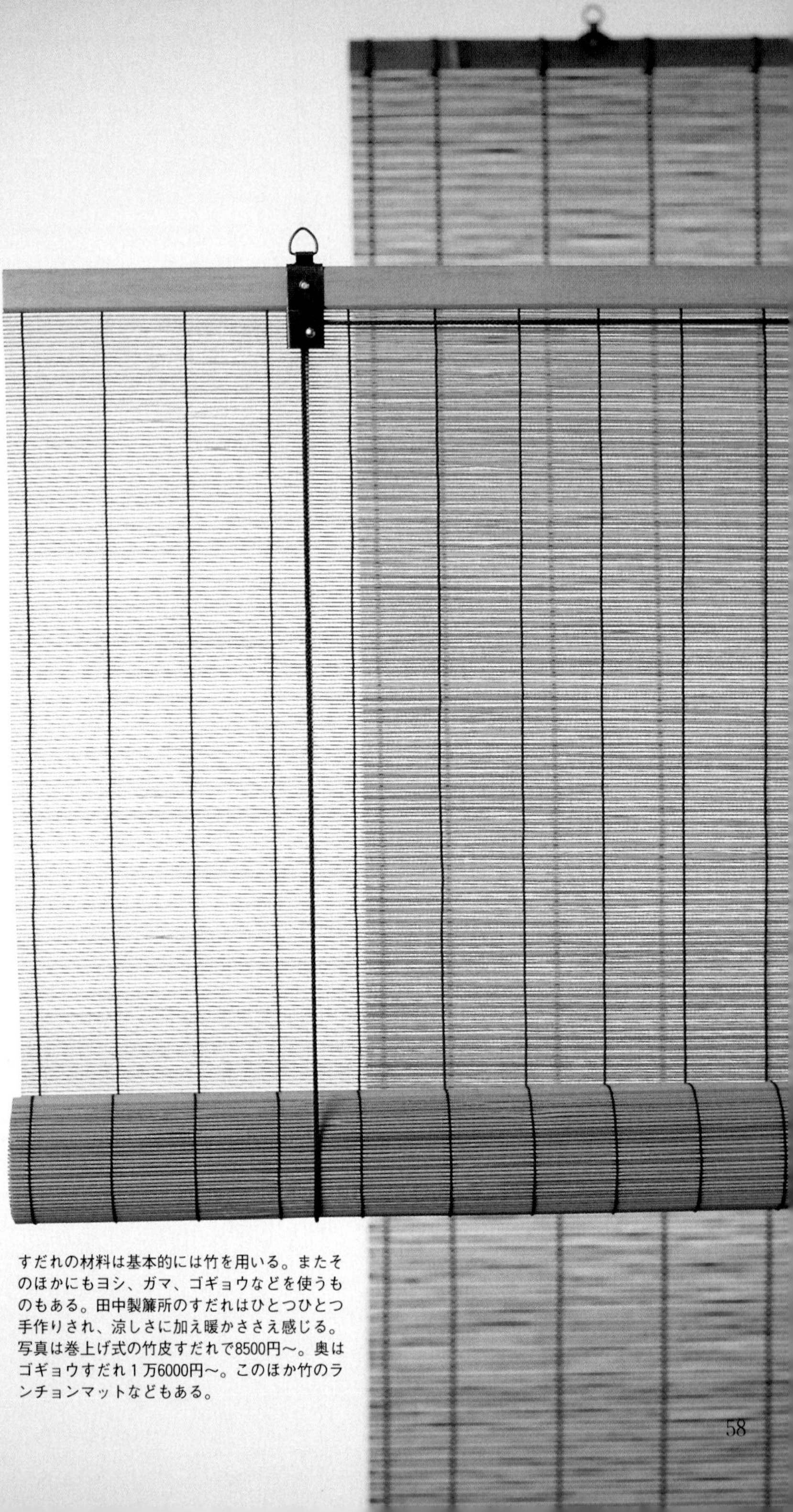

すだれの材料は基本的には竹を用いる。またそのほかにもヨシ、ガマ、ゴギョウなどを使うものもある。田中製簾所のすだれはひとつひとつ手作りされ、涼しさに加え暖かささえ感じる。写真は巻上げ式の竹皮すだれで8500円～。奥はゴギョウすだれ１万6000円～。このほか竹のランチョンマットなどもある。

風鈴

ガラス製の江戸風鈴（１２００円）の音は、蒸し暑い東京の夏に一服の涼を与えてくれる。ちなみに江戸風鈴の名は本文中の２カ所で作られるものだけが名乗ることができるとか。いっぽうの南部鉄器の風鈴（３００円）は、どこか懐かしい故郷の音。同じ風鈴でも素材によって思い浮かぶ景色が変わってくる。

すだれ

時代を超え、生活スタイルに合わせた使い方を提案

ギラギラと照りつける太陽、カキ氷に捕虫網、風鈴、そしてすだれ。ちょっと前まで「夏休み」という言葉からはこんな光景が連想された。縁側に座れば、軒先に下げられたすだれが日差しをさえぎり、その温度差から心地よいそよ風も生まれた。

だが、すだれはもともと宮中で目隠しや間仕切りとして使われていた。高貴な人を直接見ない、あるいは身分の違いを隔てるためのものだったのだ。その後、目隠しや間仕切りとしての目的は残しつつも一般家庭に浸透し、夏に障子や襖《ふすま》の変わりにすだれを使うようになった。さらには日除けを兼ねて、軒先にもかけるようになっていった。

今の家は縁側もなければ軒すらないことも多い。襖や障子も減っている。それでも、夏にカーテンの変わりにすだれをかけてみると、充分に日差しを妨げて涼しげであり、外からはしっかり目隠しの役目も果たしている。ロールカーテンのように巻き上げられるところも今風だ。時代の流れのなかで使い方が変わってきたように、今の生活に合った使い方をしてみるのもいいと思う。

屋内で使うすだれはおもに竹製。見た目の清涼感や家具などの調度品とのバランスを考えて作られる。「いい仕事」をしたものは、100年以上も使えるし修理もできる。国産の竹（冬に採ったものに限る）はカビにくく虫もつきにくいという。

これに対し、屋外で使うすだれは竹のほかヨシやガマ、ゴギョウなどを使う。雨風に耐えるよう丈夫に作られるのに加え、外見も重視して作られる。輸入品などの廉価品は使い捨てだが、しっかり作られたものは長い間使うことができる。手すりなどに当たって傷まないよう注意し、汚れたら水洗いすればよい。Ⓗ

田中製簾所

東京都台東区千束1-8-6
☎03-3873-4653

伝統工芸士である田中義弘さんと息子の耕太朗さんによって、各種すだれが作られている。完成品もあり、一部のインターネット通販で購入もできるが、基本的には寸法や用途を伝えての注文生産。使い方や手入れのしかたなど、アフターケアもしっかりしてくれる。

風鈴

日本の夏の蒸し暑さ対策に、聴覚からアプローチ

風鈴というと夏の風物詩というイメージがある。実際、冬に風鈴の音を聞いても寒々しいし、春もいまいちピンとこない。秋の夜長は、まぁ、風流かな——と、今では季節を彩る趣味のものになっている風鈴だが、もとはといえばお寺の四隅に下げられた厄除けの風鐸《たく》に端を発し、中国から渡ってきたものだという。

ところでひと口に風鈴といっても、いろいろな種類がある。ガラス製、金属製、陶器製あるいは貝殻や竹でできたものもあり、それぞれに特徴ある音色を楽しませてくれる。

なかでもガラス製は江戸時代から江戸でさかんに作られた代表的な風鈴のひとつで、その流れを今に伝えるのが、東京の篠原風鈴本舗と篠原まるよし風鈴で作られる江戸風鈴だ。

江戸風鈴は赤く溶けた1350度のガラスを吹いて作られる。冷め固まってから口の部分を切り落とすが、この部分は切り落としたままのギザギザの状態。ここにガラスの管が触れて微妙な音色を奏でるのだという。最後に内側から墨や顔料を使って絵を描き入れてできあがりとなる。その外観同様、透き通った繊細な音が印象的だ。

ちなみに夏になると露店や行商でガラス風鈴を見かけるが、これらの多くは輸入物で、型に入れて膨らまし、柄もプリントが多いという。

もうひとつ代表的な風鈴が南部鉄器によるものだ。金属ながらどこかまろやかなその音色は環境庁による「残したい日本の音百選」にも選ばれている。南部鉄器の風鈴はシンプルで小ぶりな吊鐘型のものが多いが、それに冒頭の風鐸を模した傘を組み合わせた灯かご風鈴もいろいろ種類がある。また輸出が進むにつれ、外国人好みの植物や動物、昆虫を模したデザインのものも増えている。Ⓗ

篠原風鈴本舗
東京都江戸川区南篠崎4-22-5
☎03-3670-2512
http://www.edofurin.com/

いろいろな絵柄があるためインターネットによる通販が便利。それ以外では直接右記仕事場で購入可能なほか、シーズン中は都内の一部デパートでも取り扱っている。
南部風鈴はP118の問い合わせ先を参照。

金魚鉢

難波硝子製作所で作られる金魚鉢には、このほかに足つきのものがある。ふちの「ひらひら」をつけるときの温度の見極めが難しく、高すぎても低すぎてもいけない。難波硝子では、強度とコバルトブルーの美しさにこだわり、ふちを折り返して二重にしている。写真の金魚鉢はサイズ中で1600円。

火鉢

写真は信楽で明治の中ごろから作られている伝統的な海鼠火鉢中（火箸付き、5000円）。八角形のものや台座つきで火箸をさす穴があいているものなどを、オーダーすることもできる。火鉢を使うには、灰や炭のほかに砂利、炭おこし、五徳に火箸、網や灰ならしなどの付属品も必要。

金魚鉢

ていねいに手作りされた懐かしいガラスの金魚鉢

わきん、でめきん、りゅうきん、らんちゅう……。ゆらゆらと揺れる赤や黒の金魚と金魚鉢は、日本の夏を思わせる懐かしい風景のひとつである。

江戸後期、金魚が庶民の手に届くようになって、それにともない金魚鉢も広まったとされている。あの愛らしい形は巾着を模して作られたという説があるが、実際、職人さんたちの間では、少し前まで金魚鉢のことを「巾着《きんちゃく》」と呼んでいたらしい。お金や福が貯まるように考案されたのだろうか。江戸の庶民が豊かな生活を夢見ていたことが感じられる意匠である。

完全管理の水槽が都市生活者の暮らしにすっかり入りこんだ現在では、金魚鉢を専門に作るガラス工房は全国でただひとつとなってしまった。つまり町中の陶器屋で目にする鉢は、中国製か大手メーカーのものになる。単品で見てもその差はわからないが、並べて見比べるとわかる。

まず、形。手作りの金魚鉢はやさしい曲線を描いている。また、縁のひらひらも、ここで紹介したものは7つだが、8つのものもある。個人の趣味の違いもあるだろうが、7つのものは大きく波を描き美しく、8つのものは少しせわしない感じ。

縁のコバルトブルーも「7つ」のほうが濃く深い色合いだ。さらに、中国製のものは工程上表面に傷がつくことが多いらしい。そして何より重い。

とはいえ、金魚が入れば金魚鉢。どこで作られ、手作りであろうと工業製品であろうと、機械に制御されないスローな魚の飼育を提案したいのである。個人的には酸素を送るぶくぶくも入れず、少しの水草にメダカを数匹入れて、窓辺に置くのが好き。

難波硝子製造所

長野市大字塩生甲2748

☎026-227-3159

昭和20年ころから金魚鉢製造専門になり、現在3代目。金魚鉢作りの工程では、縁のひらひらを二重に折り返しているのが特徴。こうすることによって、深い色合いと強度が出る。「やっぱり難波さんのがいい」という業者もいるほど細部にこだわっている。

火鉢

部屋の中で小さな「焚火」を楽しんでみる

暮らしのなかで使われる暖房器具は、刻々と姿を変えている。都会暮らしの狭い住宅では石油ストーブは居場所を失い、コタツも片付かない、場所をとるなどの理由で納戸に収められている。さらにエアコン、床暖房、オイルヒーターと、より安全と快適さが求められる昨今である。

そこで、火鉢である。まず、都会生活では見かけることはなくなった暖房器具だ。もともとは奈良・平安時代に火桶、炭櫃《びつ》と呼ばれて使われたものが現在の火鉢となったが、杉の曲げ物や丸太をくりぬいたもの、金属性そして、陶製などその種類はさまざまだった。ただ、火鉢は火力がないので、手あぶりする程度に暖をとる道具だったようだ。

「手あぶり」なんて言葉さえ耳にしない現代生活で、なぜ火鉢なのか？実際、灰や炭の調達が必要だし、なにより火の扱いや始末が大変だ。小さい子供がいる家にはまず無理だろう。けれど、あえて火鉢のある暮らしを想像してみよう。

イメージは焚火。さつまいもを放りこんだり、酒の肴を焼いたり、ただじっと火を見つめるだけで焚火は心を落ち着かせてくれる。

そう、家のなかの小さな焚火。これを火鉢の新しい考え方にできないだろうか。普段使いするのは大変でも、お正月や宴会、パーティーのときなどに「焚火」でお客をもてなすなんてすてきだ。

最近ではプランター、ワインクーラー、テーブル台、小物入れとして信楽をはじめ各地でいろいろな火鉢が生産されているが、やはり火鉢には私たちを心身ともに暖めてほしいのである。最近では椅子生活にも対応できる縦長の椅子火鉢も売り出されているというし、しんと冷えた夜にひと役かってくれそうな期待を抱かせる。

丸九製陶

滋賀県甲賀郡信楽町大字長野７７０
☎０７４８-８２-００５９
http://www.biwa.ne.jp/~maru9/

江戸中期に創業してから、火鉢のほかに植木鉢、水鉢、傘立てなど人々の暮らしに根ざした生活陶器を生産し続けている。現在のご主人は、信楽の伝統的な無骨さを残しながら、新しい感性や流行を取り入れていきたいと語る。

ござ

密に織りこまれたイグサから、日本人なら誰もが心落ち着くであろういい香りが漂う。この岡山県産の花ござは、一畳あたり4500円から。現在、国産イグサの産地としては熊本県のシェアが大きいが、かつては広島、岡山、山口の各県が代表的だった。湿気は大敵で、メンテナンスは乾燥と乾拭きを。

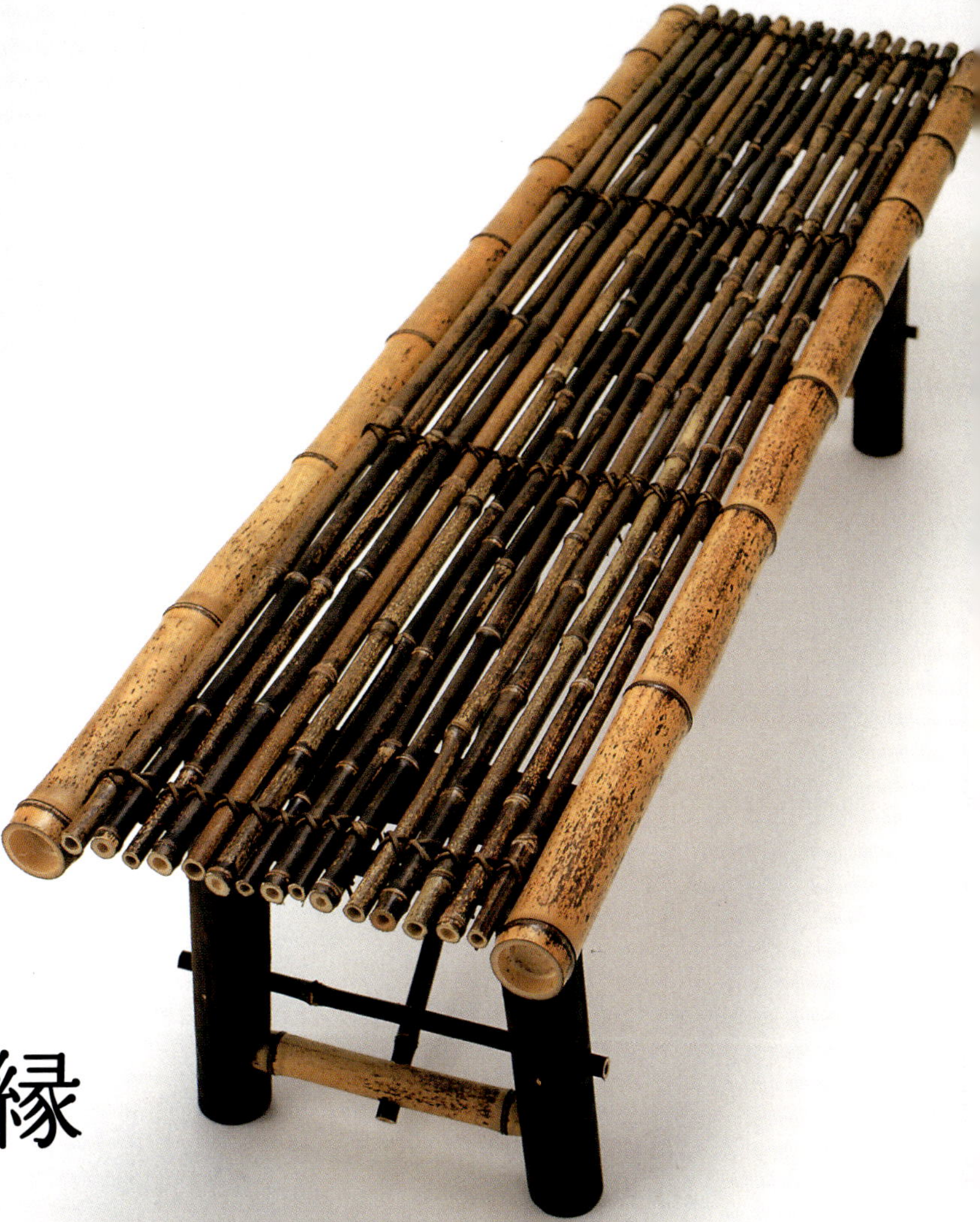

縁台

竹虎の「虎竹縁台（折り畳み式）大」（1万８０００円、Ｗ１５００×Ｄ40×Ｈ40）。全国でも高知県須崎市安和でしか生育しない幻の虎竹をいちばん力のかかる両側面に使い、中央部には黒竹を使用。結束補強には四万十川上流域のカズラと、こだわりの一品。折り畳みも驚くほどスッキリと可能で強度充分。

ござ

「洋」の居住空間に日本人の魂をとりこむ

畳とござとむしろの違いをご存知だろうか。簡単にいえば、畳はワラを編んだ芯（最近ではフォーム材も多い）にイグサで編んだ畳表を張ったもの。ござはこの畳表と基本的に同じもので、屋外で座るときや穀物などを天日に干したりと、必要なときだけ敷いて使うもの。むしろはござと用途は似ているが、素材がワラやガマや竹などイグサ以外のもの、ということになる。

いずれも日本独自の敷物であり、日本人の「住」に必要不可欠なものだが、生活様式の変化によって、その需要や関わりは減ってきている。和室が減って畳が減り、ござやむしろの変わりに安価なビニールシートを使うようになった。

しかし、日本人としての遺伝子は簡単に消えるものではなく、時代が変われば和を求める心も形を変えて表れる。これら敷物に関していえば、フローリングの床にござを敷いてその感触や雰囲気を楽しむ人が増えているのだ。

ござは実用性だけなら無地のもので充分だが、ラグのように使うのであれば、花ござといわれる模様を織りこんだものが楽しい。じゅうたんのような洋風の模様のものから、シンプルなラインが入ったもの、色は無地で織り方の変化だけで模様をつけたものまでさまざまなものがある。

ところで同じように花ござと呼ばれるものに、アイヌの「チタラベ」がある。こちらは主材料にガマ、織り糸にオヒョウの木から採った繊維を使う。神聖な儀式に使われると同時に敷物としても使われ、その感触は適度な弾力とともに暖かさをともなっている。たいへんな手間がかかることから生活用品というには高価だが、（有）カイザー（札幌市南区石山東6-15-1 ☎011-592-7888）で今も入手も可能。Ⓗ

莫蓙九／森九商店

青森県盛岡市紺屋町1-31

☎019-622-7129

創業1816年という歴史のある雑貨店。店名ともなっている各種ござ類をはじめ、かご類や金物など、日本古来の生活用品がずらりと並ぶ。また、その店舗は昔の豪商の面影を伝えるものとして、盛岡市指定保存建造物になっている。通販などは行なっていない。

縁台

日本人の五感にうったえる、くつろぎと交流の空間

縁台は家の内と外の境を外す不思議な家具だ。街角のバス停でも、縁台が置かれるだけで招かれているような気がしてくる。しかし招いてくれてはいても、家の中まで入れてはくれない……。と、なんだか微妙なところなのだが、なぜだか和《なご》む。普通のベンチでは決して そんな気にはならないから不思議だ。

ここでひとつ仮設を立ててみる。縁台はそれを置く人が一方的に町と住人と自然に対して自分のテリトリーを宣言した庭、もしくは庭先のシンボルではないのかと。つまり庭だからこそ招かれる気がするし、そこには家の中に入るわけではない微妙な距離感が生まれる。そしてその庭は、決して囲われず、多くの人が出入り自由であり、それ故にお茶の一服や、将棋に囲碁、夕涼みや花火、晩酌などの楽しみの場に活用される。また空の様子、四季の変化、鳥や虫の姿といった自然の移ろいさえその空間に取りこむ魔法を発揮する。だから縁台には日本人の無意識において、免罪符が張られている。誰もが共有を許される場、そして豊かな自然空間へと誘う装置として。

そして縁台は〝懐かしさ〟さえ獲得し、現代では無敵だ。あらゆる場に溶けこみ、置く者とその隣人（ただの通行人さえもが含まれる）と自然との共有空間をつくり、幾多の人を和ませてやまない。

さて、そんな語り尽くせぬ縁台哲学と美術についてさらに探求するならば、まず自らの縁台を手に入れ、しかるべきところに設置し、隣人と自然との大いなる交流に踏み出すべきだろう。ｗｅｂサイト深川縁台部（http://homepage2.nifty.com/endai）にはその実践例と考察がさらに詳しい。あなたに、さらによき和みと語らいがありますように。

竹虎／山岸竹材店

高知県須崎市安和913-1
☎0889-42-3201
http://www.taketora.co.jp

竹によるクラフトと製品が網羅されたバイタリティ溢れるｗｅｂサイト全体が驚異的。全国でも地元、安和でしか生育しないという幻の竹「虎斑竹（トラフダケ）」を主素材にした内容はたまらない。「虎竹縁台（折り畳み式）」大1万8000円／小1万5000円。

蚊よけ線香

スパイラルを二重にし、巧みに組み合わせた蚊取り線香の渦巻きデザインは、機能美の究極のひとつだと思う。この除虫菊と除虫草を主材料とした「菊花せんこう」(30巻入り 850円) の場合、着色や染色をしていないので、植物粉末の原材料色のままなのがまた優しい。消臭・芳香効果も意識して開発したという香りは優しく、ゆったりと渦になって広がっていくようだ。

蚊帳

純麻100%。生成の質感は落ち着いていて上質な雰囲気だ。麻は余分な水分を吸収、発散し温度を調整し、体感温度が2、3度低くなるとも言われる。また写真のとおり、素材自体の上質な質感が人を包みこみ、自然素材のシンプルな空間が蚊帳ひとつで実現するのだから、使いようによっては部屋のデザイン機能としてもオシャレだ。

蚊よけ線香

蚊を殺さない、ラブ&ピースな防虫線香

明治以来変わらぬこのデザイン、ひとめ見れば、誰もが蚊取り線香だとわかるだろう。しかし、〝蚊取り線香〟と名乗るには、殺虫成分、合成ピレスロイドを必ず含有しなければならない、ということを知っていただろうか？ シェアを圧倒する殺虫剤に蚊取りマット、そして超音波など、明らかに化学的な防虫製品のなかにあって、〝蚊取り線香〟にはどこか懐かしい自然派の感じがするのだが、大手メーカーで今も変わらず売り続けられている〝蚊取り線香〟には、じつは合成殺虫成分が多量に含まれている。ピレスロイドは虫だけでなく人体にも影響を与え、頭痛やめまい、吐き気などの原因とも言われているのだ。

そんななか「りんねしゃ」の飯尾純市さんは、100%天然材料による〝蚊取り線香〟を模索するが、前記の法律的な壁と原料になる除虫菊の確保というふたつの難題にぶつかっていったんはとん挫した。しかし、その後、飯尾さんはそのジレンマを「これだけ環境衛生に配慮できる時代になった今、人体にまで影響のある合成殺虫剤を大量に使用する必要があるのか？」と殺虫効果のある〝蚊取り線香〟でなく、優しく蚊を追いやる「蚊よけ線香」の開発に方向を転換。充分な防虫、蚊よけ効果をもった〝防虫線香〟「菊花せんこう」が生まれた。

飯尾さんの「殺さなくてもいいじゃないか」という思いには、60～70年代の反戦運動への共感以来、太極拳の指導者として、自然食品店の経営者として、自然派の生き方を貫いてきた自身のこだわりがあったという。そう、この〝防虫線香〟の開発自体が、ラブ&ピースな心から生まれたものなのだ。優しい香りのなかでそんな思いを感じて欲しい。

りんねしゃ

愛知県津島市立込町2-27
☎0567-26-3979
http://www.rinnesha.com

防虫せんこう「菊花せんこう」13g×30巻入り。室内約6時間燃焼（850円）ウエッブでの通信販売は4箱セット（3400円）。上記立込店のほか、津島市宇治町にも店舗がある。（☎0567-24-6580）

蚊帳

ふたたび見直されるオシャレで安らぐ安眠の庵

小、中学生のころの夏休み、山形の農村部の母の実家で従兄弟たちと駆け回って過ごした夏休みの1、2週間は、絵に描いたように幸せな記憶だ。炎天下にトンボを追いかけ、釣りをし、泳ぎ、野球をして花火を見上げ、スイカにかぶりつくと後は布団に潜りこむばかり。そして夜、いきなり部屋に現れるのが蚊帳だった。昼間遊んでいた部屋の中に現れた姿は子供心に秘密基地のようでワクワクして、その裾をめくって中に入るのが楽しみだった。

中の雰囲気はテントに入ったときの穴蔵的な落ち着きに似て、夜が特別な時間に感じられる。さらに麻の繊維の香りと、秋から春に収納時に付くのだろう、ちょっとだけカビた香りが入り交じってなんだか気分がよかった。そして、外から聞こえるコオロギなどの虫の音と共に、吹きこむさわやかな夜風の中であっという間に寝入っていたものだ。

最近の蚊帳はどうなってるかとウェブで調べてみると、驚いたのが静岡県磐田市の寝具店「菊屋」さんのサイト「安眠ドットコム」。通販はもちろん、蚊帳に関する雑学まで網羅する情熱で、とても充実している。ご主人の三島さんによると、蚊帳業界自体は製造元も減り、組合もなくなってしまう状況で、お店でも10年前までは年に数張り売れる程度。それが7年前からネット通販を始めたところ倍々ペースで注文が増えて昨年は千件もの注文があったそうだ。

サイトの中では寝具としてだけではなく、落ち着く空間機能装置としての蚊帳の提案がされている。また、サンプル的に小料理屋、バー、クラブ、中庭などでの写真が紹介されていてオシャレだ。菊屋さんのがんばりで、これからの蚊帳文化は再び楽しくなりそうである。

菊屋

静岡県磐田市ジュビロード243
☎0538-35-1666
http://www.annin.com/kaya/

昔ながらの「和室用」に、自立式の「ワンタッチ蚊帳」、一点吊りで広げる「アウトドア用」、床面も覆った「ムカデ対策蚊帳」にオリジナル「洗える蚊帳」など、サイズ色違いまで60種前後のラインナップは驚愕。写真の「ベッド用純麻生成りタイプ、シングル」は3万5000円

せっけん

ゴツゴツとした外観はせっけんと言うより土の塊のようにさえ見えるけれど、オリーブとローレル（月桂樹）のオイルを原料とした石けん「アレッポの石鹸」（500円）。その名は地中海東岸シリアの土地から来ていて、使っていくと中の緑の生地がしだいに現れてくる。左は日本のメーカーのせっけんたち（120円〜）。それぞれに気持いいこだわりが詰まっている。

パウダー
シャンプー
POWDER SHAMPOO
プチパレ
パウダー
リンス
POWDER RINSE
プチパレ
Body Clay
ねんどのハミガキ
Body Clay
石けんタイプ
ねんどのソープ
シャボン玉浴用
香料・色素・エデト酸塩などの化学物質を含んでいません。
バスサイズ
シャボン玉
無添剤石けん
スノール
無添加
BEAUTY SOAP
SHABONDAMA SOAP

せっけん

毎日の入浴と洗顔の基本は、良質なあたりまえの〝せっけん〟

先にも書いたオーガニックとエコロジー雑貨の店「御茶ノ水GAIA」。特にせっけんやシャンプーを中心とした生活雑貨が充実している。

「アレッポの石鹸」は、そんな僕たちの店で欠かせない大定番。発売以来、長い間、平積みかカゴに山盛りで売り続け、欠かせないアイテムとして、数多くの店におろしてもきた。最近では流通も広がり、ちょっとナチュラル雑貨が好きな人ならば、一度は目にしたことがあると思う。もともと、ごく小規模に輸入が始まり、自然食品店やナチュラル系雑貨の店などを中心とした草の根的なネットワークから口コミでそのよさが広まった商品。最初見たときは「?・?」と思ったが、説明を聞いて使ってみると、とにかく使い心地が柔らかく香りがいいし、シャンプーとしてもなかなか気持ちいい。すぐに家族で気に入って、今ではお風呂場に欠かせなくなっている。

もともと千年も前からシリアのアレッポ地方で伝統を守って作られてきたというこのせっけん。オリーブオイルと苛性ソーダ、そしてローレルオイルを3昼夜、釜で焚き、練り上げる。固まったものは切り分けられ、積み上げて、地中海からの風と砂漠の熱風が出会う独特の気候のなかで1年から2年熟成させると、最初は緑色の表面が徐々にアメ色になってくる。

オリーブオイルの中に含まれるオレイン酸は、人の肌の脂肪酸と似て、汚れが落ちたあとに適度なしっとり感を肌に残す。ローレルオイルは、強壮、消毒に適し、髪の発育を促す。

スーパーのせっけんにはやたらと香料、色素が使われ、肝心のせっけんとしての質自体は曖昧《あいまい》なものも多い。アトピーやアレルギー性皮膚炎など、敏感肌の人などは洗えば洗うほど、かえってよくないこともある。その点このような品質の確かな自然派せっけんなら心配はいらない。

最近ではずいぶん増えた自然派せっけんだが、もっとも早くから合成洗剤の販売をやめて〝せっけん〟の復権に取り組んだメーカーが「シャボン玉石けん」だった。香料等を使った付加価値ではなく、せっけんそのものの質の向上にこだわって天然の香料さえもまったく使わず、純せっけん分99%の無添加せっけんのみを作っている。その結果、シャンプーも液体化せず、(液体化することで濃度が下がり、結果的に不経済で、パッケージや流通などにもコストがかかる)固形とパウダーのみにこだわっている。

　このパウダーシャンプーがまたよくできている。微細な粉がまったくダマにならずに泡立ち、髪にすぐなじむ。使い勝手は液体よりもいいほどで、そのうえリンスまでパウダーにしてしまい、旅行などの携帯にも便利と好評だ。

　写真で取り上げた固形せっけん3種もすべて純せっけん分99%の無添加。香料等で差別化するわけでなく、その差は「原料の精製度と熟成の手間の差による滑らかさと使用感の違いで、使ってみてもらえれば必ずその差を実感してもらえます」(シャボン玉石けん担当者)とのこと。ミュージシャンの坂本龍一さんも愛用者だと公言している優れモノだ。

　もうひとつ紹介したいのが「ボディクレイ・ねんどのソープ」。これは巻頭で紹介したオーガニックライフ商品プロデューサー・川内たみさんが開発に携わったモノで、モンモリロナイトという日本で採取できる粘土の一種を主素材に、質のよいせっけん成分を加え、髪から顔、体まですべてこれだけでしっとりスッキリ洗えるというものだ。モンモリロナイトはウィルスなみの超微粒子結晶で、超絶的に吸水性と吸油性が高く、乾くと薄い皮膜を作る。そうした特性が保湿剤やクリームの主成分としても優れていて、それが使用後のサッパリ&しっとり感につながっている。

　また個人的に絶対のオススメはこのシリーズの「ねんどのハミガキ」。ハッカ油とティートリーがわずかに感じられる程度のおだやかな刺激だけで、口の中がスッキリとする。以前は長年、何もつけないか塩か、というハミガキ生活だったのが、これに慣れると塩でさえ刺激が強く感じるほど。

　せっけんや歯磨き粉は誰もが必ず使う日常性の高いモノだ。だからこそ体にやさしく安心で、質の高い、より気持ちいいものを選んで、毎日使ってもらいたい。

御茶ノ水GAIA
東京都千代田区神田駿河台3-3-13
☎03-3219-4865
http://www.linkclub.or.jp/~gai-a/

ここで紹介した商品は右記のお店で購入できるほか、アレッポの石鹸(☎042-552-7518)、シャボン玉石けん(☎0120-480-095、http://www.shabon.com)ボディクレイ(http://www.organicsora.com/)の各ホームページを参照してみるとよいだろう。

洗剤・粉せっけん

なめらかで真っ白の粉せっけん、「シャボン玉スノール」は、粉せっけんで初めて、使いやすい中空粒状化を実現し、純せっけん99%の品質にこだわった無添加粉せっけんのベストセラーだ。左ページは、それぞれにこだわりの粉石けんと洗剤。左上から、NPOせっけんの街「せっけんの街」、エスケー石鹸の「URUO-i洗濯用粉せっけん」、いのち「せんたく粉60」、がんこ本舗「海へ…」、シャボン玉「食器洗いせっけん」、「メイド・イン・アースの液体せっけん」

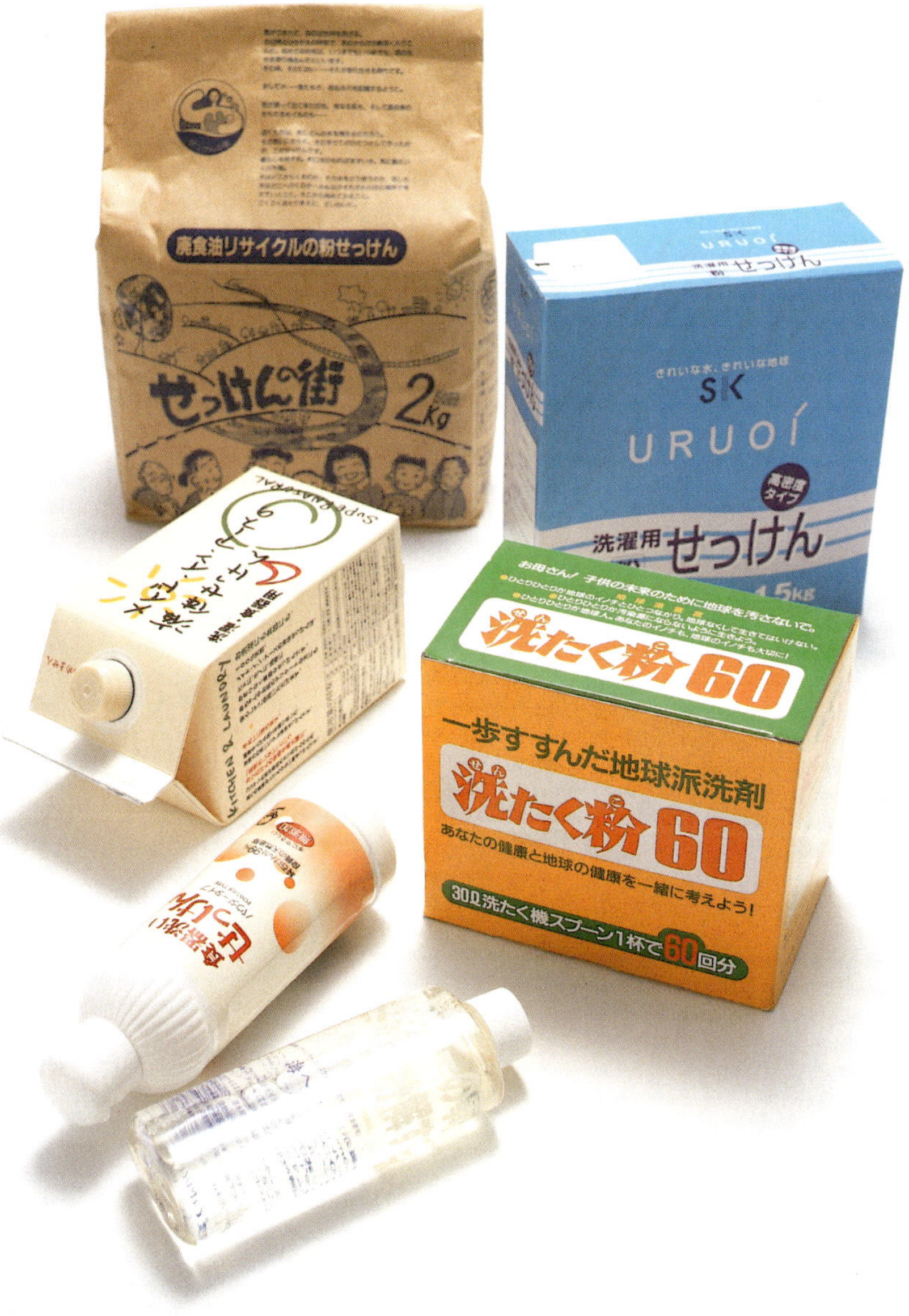
廃食油リサイクルの粉せっけん
せっけんの街
2kg
きれいな水、きれいな地球
SK
URUOI
高密度タイプ
洗濯用 せっけん
お母さん！子供の未来のために地球を汚さないで。
洗たく粉60
一歩すすんだ地球派洗剤
洗たく粉60
あなたの健康と地球の健康を一緒に考えよう！
30ℓ洗たく機スプーン1杯で60回分

洗剤・粉せっけん

純白の粉は、平和な暮らしの象徴

青空の下、大きく広げられた真っ白な洗濯物が風に揺れる姿。狭い路地の上に、郊外の家の庭先に……。場所は変わっても世界中で見かけられる平和な風景。この姿を何百年もずーっと支えてきたのは、素朴な〝せっけん〟だった。

せっけんの歴史は紀元前3000年のイラクまで遡る。その後12世紀ごろから現在のせっけんに近いものが、ある程度量産されるようになったという。前述の「アレッポの石鹸」などはこのころの姿に近いだろう。

ここでいう「せっけん」とは、脂肪酸ナトリウム、または脂肪酸カリウムのこと。水と油の境界を混じり合わせて汚れを落とす界面活性剤として、長年、人々に使われてきた。

一方、合成界面活性剤を使った合成洗剤の歴史はまだ1世紀足らず。広く本格的な使用は戦後のことで、その短い歴史のなかで水質汚染の主原因として有害性が確認され、社会的な批判が高まっていった。

そのため大手メーカーの合成洗剤も改良を迫られ、無リン化などが進んだが、そもそも合成界面活性剤が自然界になかった人為的な科学物質である以上、人間と自然界への安全性の確認には時間がかかり、その検証はまだ充分ではない。

せっけんは、その使用感がマイルドで、ソフトな洗いあがりになる。汚れを落とす力も充分で何より安心して使えるのがいい。エコロジーと生活環境への意識が高くなった最近、さらに見直され、使う人は確実に増えている。

こうした流れの先頭に立ってきた粉せっけんの代表的メーカーが「シャボン玉石けん」だ。とくにシャボン玉「スノール」は製品の純せっけん分が99％という、せっけん自体の品質に群を抜いたこだわりを持ち続けてきた同社を代表する製品だろう。同社はまだエコロジーの意識やせっけんの見直しという動きが今ほどではない時期から、その使いやすさと品質の向上にこだわり、せっけん製品では画期的な粉せっけんの中空粒状化を最初に実現した。

しかし、せっけんの高品質化が実現し、格段に使いやすくなった現在でも、溶けやすさや黄ばみなどの使い勝手を気にする人は少なくない。こうした面に配慮した製品では「エスケー石鹸」の「ＵＲＵＯｉ洗濯用粉せっけん」がある。これは炭酸塩を加えることで溶けやすく、カスも残りにくい。またオーガニックコットンのメーカー、「メイド・イン・アース」は液体化で同じ問題を解決し、食器洗いや掃除にも薄めて使える「メイド・イン・アースの液体せっけん」を開発販売している。

さらに安全な合成洗剤の開発に取り組む果敢なメーカーもある。「がんこ本舗」の「海へ…」は油と水の境界を弱くして剥がす、これまでの界面活性剤ではなく、油そのものを分解するという新しい作用で、１００％の生分解性があるという。「いのち」の「せんたく粉60」も分解性、安全性に優れた合成洗剤をめざし、大手メーカーにはない独自の研究開発で、より使いやすい製品を模索している。これら〝自然派合成洗剤〟には賛否があるが、環境と生活にバランスしたモノ作りという大きな視点では、必要なアプローチといえるのではないだろうか。

また「ＮＰＯせっけんの街」の「せっけんの街」は、もともと千葉県の手賀沼水質浄化運動から生まれた廃油リサイクルの粉せっけんだ。水質汚染の原因となる地域の家庭とお店の廃油を回収し、さらに粉せっけんにすることで二重に環境へのダメージを減らしている。昔ながらの素朴な粉せっけんだが、自然環境への思いと、地域の活動とが合致したこのような取り組みは大切にしたい。

限られた紙面のなかで今回は、いくつかのメーカーと製品を紹介したが、最近では日本各地で、ほかにも多くのメーカーが良質な製品を販売している。

最後に、じつは、せっけんや洗剤を必要とする〝汚れ〟のほとんどは油の関わる汚れであって、ほこりや少々の土などは水洗いだけでも充分に落ちるという。実際に塩と炭で洗濯を済ます純粋自然派の人もいるほどだ。

つまりせっけんを選ぶことはもとより、自分と家族とライフスタイルのバランスのなかで自然環境によりよい〝洗濯〟を見つけることが必要なのではないだろうか。

御茶ノ水ＧＡＩＡ

東京都千代田区神田駿河台3-3-13

☎03-3219-4865

http://www.linkclub.or.jp/~gai-a/

各せっけんの問い合わせは、シャボン玉石けん（P77参照）。エスケー石鹸（http://www.sksoap.co.jp）。メイド・イン・アース（http://www.made-in-earth.co.jp）。いのち（http://www.inochi.co.jp）。がんこ本舗（http://www.gankohompo.com）。ＮＰＯせっけんの街（http://www.teganuma.com）の各ホームページを参照。

蜜ロウ

ネパール・ヒマラヤ山麓の断崖の岩棚で、チベット系のグルン族の男たちが採取する野生の蜜ロウを主原料に、「ビー ワックス リップ クリーム」(10㎖、1000円)。これは、パーマカルチャー農園で作られ、容器も木からひとづつろくろで切り出したハンドメイド。漂う香りはシャクナゲやクスノキの精油。

椿油

九州熊本、東製油の「天然椿油」（300㎖、3200円）。黄金色に輝く油は、ほれぼれ魅入るほど美しい。ツバキは「日本書紀」や「万葉集」にも登場して日本人に親しまれ、長寿、瑞祥、早春の花木として、また聖なる花として神社仏閣でも好まれて、広く親しまれ、愛されてきた。

蜜ロウ

ミツバチたちが運んでくる夢の自然素材

キリストが生まれたときに灯されていたのは蜜ロウソクだったという。真偽はともかくとして、それぐらい蜜ロウは古いものなのだ。ミツバチは体からロウを分泌して巣を作る。ハチ蜜を取ったあと、その巣を加熱して溶かし、布でこすと１００％の蜜ロウになる。そして、型に流して芯をさせばロウソクができあがる。

蜜ロウはこのほか、クリーム、口紅などの化粧品をはじめ、軟膏薬、お菓子、画材、ワックス、印刷、グリース、絶縁材、コンピュータ部品の接着剤などなど、幅広い分野で使われている。甘くておいしいハチ蜜はもちろん、その後に残された、蜜ロウも貴重な自然素材だったのだ。

山形県朝日町で「ハチ蜜の森キャンドル」（☎０２３７-67-３２６０、http://www.mitsurou.com/）を主宰する安藤さんは、自分の作る蜜ロウソクを通して、朝日連峰のブナ原生林＝ハチ蜜の森と位置づけ、恵をもたらす森を育てるという視点で、地域に根ざした活動を展開している。

また、写真のリップクリームも土地に根ざした物語をもっている。これを手作りしているのは、ネパールのアスタムコット村にあるパーマカルチャー農場。（パーマカルチャーはオーガニックからさらに進んで、より持続的な自然との共存を実践する農法）ここにパーマカルチャーを伝えたオーストラリア人の女性が、自分のために作っていたレシピをその後継者たちに伝え、今もそれが作り続けられている。天然の蜜ロウと農場で収穫したサンフラワーオイル、クスノキ、シャクナゲの精油、原料は4種だけ。それでナチュラルに柔らかくのびる心地よいクリームができる。唇以外でもネイルクリーム、ハンドクリームとして、また、かかとやひじ、髪にもいい。

ナイアード
東京都福生市武蔵野台1-19-7
☎042-552-8958
http://www.naiad.co.jp

リップクリーム以外にも、モロッコの粘土、インドの染料ヘナなど、ナチュラル系の自然雑貨の輸入発売元として独創的で充実したラインナップをとりそろえる。また、蜜ロウソクはＧＡＩＡ（Ｐ32参照）にて購入可能。各種３００円から

椿油

日本伝統の最上級の油を昔ながらに絞り続けて

椿は500あまりの園芸品種があるという日本人の暮らしと歴史に密接な花木だ。その種子から採れる椿油は、昔から髪油にさらに食用として珍重されてきた。伊豆大島と伊豆利島の椿油が有名だが、九州もそれと匹敵するほどの産地だ。代表的な品種のヤブ椿以外に、九州南部から屋久島にかけては、リンゴ椿という大粒の実をつける品種が自生する。

「椿油は特に質の高い油なんです。そして九州の椿はほぼ完全に自生のもので、まったく人の手の掛かっていない天然のものなんですよ。そういういいものだから、持ち味を100%残した少しでも素直な油を絞りたいんです」と東製油の主人は言う。

天日乾燥させた椿の種子をつぶし、蒸したあとに、ゆっくりと圧をかける玉締め法で絞り、自然沈殿を待ってから和紙でこす。

昔、農家の庭先で行なった素朴な板締めと、ほとんど変わらない方法だという。

秋の収穫後、東製油に九州全域の自生の椿から集められる実は約10t、そこから絞る油は2~3t程度という貴重品だ。

椿油は、健康にいいというオレイン酸の比率が86%にもなる。オリーブ油でも80%程度なので、大変な含有率だ。オレイン酸は人の皮脂に含まれる脂肪酸に近い成分でもあり、だから椿油は髪油、肌油として優秀といわれている。

実際、手に取ってみると非常に繊細で柔らかく、肌とのなじみもよい。

また、食用としてもオリーブオイルを使う要領で蒸した野菜に塩と椿油を振って食べてみると、繊細な甘味と深い滋味が広がる。

ご主人は薄切りにしたカボチャをソテーして食べるのがおすすめとのこと。そのほか、天ぷら油にしても絶品だ。♧

東製油

熊本県玉名市宮原648

☎0968-72-3446

天然椿油（55㎖ 700円、300㎖ 3200円、500㎖ 5000円）電話での通販注文にも対応してくれる。昔ながらの椿油の製法を家族4人で守りつづけている貴重な製造元だ。

ラベンダーオイル

写真は4種のラベンダー（ようてい、はなもいわ、など）から抽出したオイルを配合した「ラベンダーオイル」（12㎖、1200円）。またとくに香りがよい品種おかむらさきから抽出した「ラベンダーオイル　おかむらさき」（7㎖、1600円）もある。このほかラベンダーオイルを利用した癒し系商品も多数。

ヒノキオイル

地元、和歌山の紀州ヒノキのみを使った天然のヒノキオイル「美山の香」（5㎖、500円）。「ヒノキスプレー」（30㎖、3000円）などもある。購入は直接電話かファックスでできるほか、美山村ふるさと産品展示販売所（☎0738-57-0113）でも販売している。

ラベンダーオイル

紫色のじゅうたんから生まれた芳しいしずく

『北の国から』と並び、富良野の代名詞といっていいほど定着したラベンダー畑。なかでも「ファーム富田」のそれは計6haにもわたり日本最大級の広さを誇っている。夏には丘一面を紫色に染め上げ、訪れた多くの観光客を感激させているけれども、じつはそれだけが目的で栽培しているわけではない。この花からラベンダーオイルを抽出するのが大きな目的なのだ。

ラベンダーの歴史は古代エジプトの文献にも登場し、10世紀にはアラブ人によって蒸留、オイル化されたといわれている。かつて世界的にペストが流行したときにはその殺菌作用からラベンダーオイルが使われたほか、やけどや傷の治癒にも用いられてきた。また血圧を下げたり呼吸器の障害を治す効果があることもわかっている。近年では、風呂やマグカップのお湯にオイルを落とし、その蒸気（香り）を吸うことで鎮静効果をもたらすアロマテラピーでも注目されている。

オイルの抽出は加圧水蒸気蒸留という方法を使う。五分咲き程度のラベンダーの花を大きな圧力釜のようなものに入れ、蒸気とともに加圧すると成分が揮発して出てくる。オイルと水分を分離したのち、ひと冬寝かして青臭さを取ったものが生のラベンダーオイルだ。約60kgの花から200～300ccのオイルが採れるという。

さまざまな効果が期待できるラベンダーオイルだが、その原液はとても強い。使用にあたっては指定された分量、希釈倍数を間違えないように注意したい。また、バスキューブやせっけん、お香など、ラベンダーのメリットをいかして開発された製品も多く、これらは手軽に使うことができて便利だ。Ⓗ

ファーム富田
北海道空知郡中富良野町北星
☎0167-39-3939
http://www.farm-tomita.co.jp/
農場の直営売店ほか、北海道内のお土産品店などで買える。純粋なオイル以外にも数多くの関連商品がある。単一品種のラベンダーオイル「おかむらさき」は数量限定。同社のインターネットでは通販も可能なほか、農場のライブカメラ（冬期中止）も楽しめる

ヒノキオイル

都会にいながらにして深山の空気を体に取りこむ

木の香り、または森の香り、とでも言おうか、どこかひんやりとして清浄な甘い香り。都会から自然の豊かな場所へと近づいていくにつれ、しだいにその香気は強くなっていく。そして、それとともに、自らの心も体も浄化され、今までくよくよと悩んでいたことが、まるで嘘のように、スウッとこの大気に溶け出し、それまで重かった体も急に軽くなったような気がする。

いや、気がするのではない。実際に生体学的に血流がよくなり、脳波が活発になったのだ。

現代になって、森林浴という言葉と、そして効果が化学的に認知されていくにつれ、森の木々が人間に果たす役割がクローズアップされてきた。なかでも、木々が発するフィットンチッドという物質は、リラックス効果を高め、殺菌効果もあることがわかってきた。そして、ヒノキやヒバといった香りの強い木々には、揮発性の高い成分が多く含まれ、これを抽出したものがこの天然のエッセンシャルオイルである。

和歌山県の美山村にある「工房そうがわ」では、材木として切り出されたときに捨てられていた根元の中心部を煮立て、蒸気を冷やし蒸留する方法で、油部分を抽出している。原料には毎年、夏と冬の間、樹齢60年ほどのヒノキを集めるという。

森の木々が持つ力を、美しい緑色のしずくに閉じこめたこのオイルは、私たち現代社会に生きる人間にとって、まさに命の一滴と言えるだろう。

ほんの数滴、お風呂に入れるだけで、フタを空けて部屋や机に置いおくだけで、目の前に深い森が広がることだろう。そして、なんだかちょっと気分が晴れやかになり、いい朝が迎えられるに違いない。

工房そうがわ

和歌山県日高郡美山村大字寒川273
☎0738-58-0005
http://www4.ocn.ne.jp/~sogawa/

昭和57年、林業が低迷するなか、新たな商品開発に取り組み、ヒノキオイルを商品化。以来、村の活性化にも力を入れながら、がんばっている。オイルのほか、檜石鹸や梅酢から製塩した梅塩、「かずら」のつるを使った製品などを扱っている。

馬油

北海道純馬油本舗の「北海道純馬油」。写真はもっともベーシックなもので、225㎖、3000円。北海道産の馬から取れる新鮮な脂肪を精製してつくる。登録は「食用油」だが、主な用途はスキンケアなど。独特のニオイを取り液状化した「潤（うるおいる）」、ハッカ油を配合した「馬爽油（ボディオイル）」などもある。

ハッカ

意外と気づいていないが、私たちの生活の隅々にまで入りこみ、欠かすことのできないハッカ。ハッカ油はいろいろな用途に使うことができる。スプレータイプは虫除けや眠気覚ましに便利。(左)ハッカ油(20㎖、1000円)、(右)スプレー瓶(10㎖、1000円)。ほかにハッカティーや結晶、ハッカ豆などもある。

馬油

生活の知恵から生まれた家庭の万能薬

今のご時世、「薬」とか「効能」という言葉を使うには、お上のお達しもあっていろいろと気を使わなければならない。が、そんなお達しが出るずっと以前から、馬油はヤケドや擦り傷、虫刺されをはじめ幅広く効果のある家庭の常備薬として愛用されてきた。中国の薬学書には養毛剤として紹介されているほか、赤い缶にトラのマークでおなじみの香港土産「○イガーバーム」や、筑波山麓でタラ〜リタラリと脂汗をかいていたはずの「△マの油」も、じつはこの馬油が主原料とされている。

この馬油、原料は馬の脂身である。食用に解体した馬からとれる脂身から抽出、精製して作る。とはいえ、馬のどの部分の脂肪を使うかやその精製の手法などは、独自のノウハウがあり企業秘密らしい。安い輸入品もあるが、混ざり物や粗悪品も少なくないという。

良質な馬油は非常にきめが細かく、30度という体温に近い温度で溶けてしまう。不飽和脂肪酸という植物性油脂に多く含まれる脂肪の割合が多いのが特徴で、人間の皮脂もこれに近い。そのため、ほんのわずかでも——指先にチョンとつける程度でも、手の甲全体に広がるほどよくのび、しかも、染みこむように皮膚に入っていく。その感覚は感動すら覚えるほどで、乾燥とアカギレで靴下をはくたびにバリバリ音を立てていたカカトは、一発でしっとりうるおいを取り戻してしまった。ハンドクリーム等にありがちなベタつき感もない。

こうしたことから、最近では家庭の常備薬的位置付けからスキンケアのアイテムとして人気が出てきている。脂臭さをおさえたものや、使いやすいローションタイプなども開発され、子供から女性、お年よりまで幅広い層に支持されている。Ⓗ

北海道純馬油本舗

北海道千歳市白樺2-5-12

☎0120-226-787

http://www.junbayu.com/

北海道内では新千歳空港の土産品店などで入手可能。それ以外ではインターネットによる通販が便利。代表の磯崎聖剛さんは九州で15年にわたって馬油製造に携わり、4年前に北海道で独立。製品の製造、販売を行なう。首都圏のデパートで実演販売することもある。

ハッカ

かつて世界シェア7割を誇った日本のハッカ

「日常生活のなかで『スースーするもの』がいろいろあると思いますが、これらはすべてハッカが入っているものです」というのは、北見ハッカ通商専務の永田裕一さん(37歳)。ハミガキ粉、湿布薬、ガムやキャンディ等々、ハッカは日々の生活に密着したものとなっている。気づいていない人も多いかもしれないけれど。

北海道北見市は、かつてハッカの一大生産地だった。明治政府勅命のもと本格的に開墾・栽培。一時は世界シェア7割を誇っていた。収穫したハッカは乾燥させ、集落ごとの共同釜で蒸留。これを精製し、結晶とハッカ油に分離した。主に取引されるのは結晶のほうで、ハッカ油はいわば副産物だった。

ハッカ油の用途は広い。すっきりと爽やかな香りは、紅茶に入れればミントティに、お風呂に垂らせばミントバスに、ドライブ中の車内に軽くスプレーすれば眠気覚ましにもなる。湿布薬に使われることからもわかるように、コリや筋肉痛にもいい。

しかし、意外と知られていないのが虫除けとしての用途だ。北海道の営林署に納入されていた実績があり、またテレビ番組の比較実験では超音波蚊除け器や虫除け剤にも勝る結果が出た。顔(目に入らぬよう注意)や手、首などの露出部分にスプレーしておけば、蚊をはじめとする害虫を寄せつけない。「食品」として登録されている天然素材だけに、安心して使用できる。

戦後、安い外国産の台頭、また合成ハッカの登場もあって、北見のハッカは急速に衰退した。今では1、2軒の農家が自家用として栽培しているに過ぎない。冒頭の北見ハッカ通商でも、輸入原料を国内の契約工場で精製、販売しているが、良質のハッカ油を追及する姿勢は昔と変わらない。Ⓗ

北見ハッカ通商
北海道北見市卸町1丁目5-2
☎0157-66-5655

北海道内の主なお土産品のほか、本州の一部百貨店、東急ハンズなどで購入可能。同社管理のホームページはないが、いくつかのインターネット通販サイトから購入できる。

木酢液

それぞれ好対照なふたつの木酢液。右の「紀州備長炭・精製木酢液」（1500円）の色は澄んだ琥珀色、洗練されて使い勝手がよく香りも軽い。一方、左の「入浴用長熟成木酢液」（2500円）は黒っぽく濃い色あいで原液から濃縮されているとはいえ、木酢液専用プラントで採集されたというこだわりが伝わってくる。

竹炭

カゴにどかっと盛られた竹炭は部屋の置き炭用。消臭、調湿の効用を主に考えて、あえて低音で焼いたもので、硬度と比重が低いのでやや荒い姿になる。マイナスイオン効果などを期待するなら、1000℃の高温で焼いた、もっと固く、重い仕上がりの白炭の竹炭がある。竹炭の姿はインテリアとしても落ち着く。

木酢液

琥珀色のしずく、煙の香りが目にしみる

初めて木酢液に会ったのは15年近く前、住みこんでいた有機農業農場でペットボトルに小分けされたどす黒くて煙臭い液体を目にしたときだった。まだ商品化した木酢液もないころで、それも炭焼き窯で直接分けてきてもらったようだった。土壌改良にいいらしいと農場の主人と新しく耕す野菜畑に試しにまいたが1シーズンだけでは効果はよくわからなかった。その後、木酢液は、7〜8年前から商品化されたものが増え始め、今では個人の炭焼きから専門メーカーまで百花繚乱。地方に旅するとその土地の窯の木酢液が素朴に売られていて、いろいろ試してみるのも楽しそうだ。

木酢液は、昔から炭焼きの副産物として土壌改良や防虫、防臭、防カビ等に使われてきた。最近は入浴剤としても人気で、香ばしい酸性のツルツルのお湯が気持ちよい。入浴剤として使うと同時に風呂釜の汚れが付きにくく、カビも少なくなるというが、それは酢で掃除するのと同じ原理。

紹介するふたつの木酢液は好対照で、「紀州備長炭・精製木酢液」（プラス）は精製法にこだわった安定した品質をうたい、きれいな琥珀色に香りもマイルド、家庭内の使用にも違和感がない。デザインも含めて商品としては洗練された雰囲気がある。

一方の「入浴用長熟成木酢液」（木のぼり）は炭焼きの副産物ではなく、最初から木酢液を採るための専用炭焼きプラントで抽出し、有害タール等もプラントの段階で機械的に除去している。木酢液を抽出することだけが目的なので原料の木材もチップ状で、灰の直前まで燃やして質の高い木酢液を大量に抽出できるという。だが見た目、香りともに濃厚感が漂う。

プラス エコ事業部
和歌山県西牟婁郡上富田町救馬谷108
☎0739-47-5003
http://www.mokusaku.co.jp/

木のぼり（サイトー企画）
群馬県群馬郡群馬町金古1532-9
☎027-372-0704
http://homepage1.nifty.com/mokusano

竹炭

炭ブームの真打ち、表面積は備長炭の約3倍!

この数年、炭ブームと言いたくなるぐらいさまざまな形で炭製品が登場している。水にいい、炊飯にいい、お風呂に、配水管に、土壌にいい、さらに炭焼きの副産物の木酢液がいい……。限りなく広がるその用途と商品のバリエーションに感心するいっぽう、この2、3年増えてきた新顔が竹炭。じつはこれ、炭燃料としての利用のほか、先に挙げたような、万能な生活道具としての強力な実力が注目されている。

「竹炭を電子顕微鏡で見ると縦にも横にも通じる無数の穴があり、その表面積は竹炭1gで約700㎡、じつに畳420畳分もあります。これは備長炭の約3倍にあたります。そして竹炭に含まれるミネラル分は約5倍といわれており、これらの特徴が備長炭を上回る効果を発揮するのです」と解説するのは竹炭を扱う竹材の専門店「竹虎」。

さらに竹は成長が早く、資源的に豊富で循環性が高いと、いいところばかり。今後ますます利用率が高くなる要素がそろっているという。

竹虎では、焼くときの温度差によって変わる質で、商品アイテムを分類していて、使い方と値段によって竹炭を選ぶことができる。部屋の消臭や調湿に置き炭を使う場合は、400℃の比較的低温で焼かれた安い竹炭を大量に置くように勧めている。いっぽう、飲料用、炊飯用と入浴用には1000℃の高温で焼いた、固く重い白炭の竹炭が適していて、こちらは一枚づつ大きさもそろえた形で販売している。

個人的には、最近部屋の中にドーンと置き炭をして悦に入っている。竹炭の白然物なのに見慣れない、意外におしゃれな姿は、雰囲気的にもおもしろいうえ、部屋の結露も少なくなって快適だ。

竹虎／山岸竹材店
高知県須崎市安和913-1
☎0889-42-3201
http://www.taketora.co.jp

地元四国の竹材を使った竹の専門店。竹によるクラフトと製品が網羅されたウエッブサイトは、ひとつひとつの商品に関して、これでもかと情報が公開されていて、すべてを見きれないほど。「土窯づくりの竹炭（バラ）小【置き炭】」（1kg入り1000円より）

白　炭

宮城県刈田郡七ケ宿町で白炭を焼く佐藤さんの「七ケ宿の白炭」は、佐藤さん自身が周囲の山の雑木林から切り出したコナラ、ミズナラなどを使って焼いている。山仕事と炭焼きという、自給的な暮らしのなかで、この炭が生まれてくる。重量感がある堅い一本一本は、当てればキンキンとよく焼きしまったいい音を響かせ、火もちがよく、煙はもちろん、ガスもほとんど出ないので使いやすい。

白炭

炭はスローライフへの入口。再生可能な豊かな資源

　庭に簡単なブロックの炉を作り、炭火をおこしてバーベキューをするのが好きだ。焼いて食べる行為以上に、炭に火を入れてその回りで人と過ごす時間が好きなのだ。庭にみんなが集まり始めると、最初は小さかった赤く燃える火が炭の山に徐々に広がり、やがて皆の熱狂的な食欲と炎の勢いが重なるピークを迎える。そして火は徐々に落ち着いていく。

　赤い炎というのは不思議でありがたい。そして、その姿を眺め、暖をとりながら過ごす時間というのは本当に平和で上質だ。いつしか炭火を囲む皆が無言となり、その赤い姿をただじっと見つめている。

　街中に住み、仕事に追われ、大きな自然と触れる時間もなかなか取れない自分にとって、スローライフを実感する貴重な時間なのだ。

　我が家の小さな庭では煙の出る焚き火などはとても無理だが、炭火であれば問題はない。

　もちろん庭がなくとも小さな火鉢や、七輪があれば部屋の中でも炭火はおこせる。

　まくらが長くなったが、「七ケ宿《しちかしゅく》の白炭」は蔵王の南部、山形と福島の県境と接する宮城県刈田郡七ケ宿町に住む佐藤光夫さんが、自給的暮らしのなかで焼いている炭だ。地元の雑木林から切り出してくるコナラ、ミズナラを原木にして、切り出しから炭焼き、出荷までを佐藤さん家族だけで行なっている。出荷している炭は、いくつかのランクと分量に分けた燃料用の白炭のほかに、炊飯用（５本入り１０００円）、巾着付き風呂用（１２００円）、カカトのあかすり用（４００円）に木酢液（２５０㎖、１３００円）など種類も用途もさまざまで、素朴でおしゃれなパッケージもすてきだ。

　もちろん白炭なので、火を付けてもガスが出ず、火力が強く、火もちがいい。飲み水やお風呂、炊飯、脱臭などにも使い勝手がいい。しかし佐藤さんは白炭と黒炭の差は優劣ではなくてそれぞれの使い分けだと、あまりその利点を語る風でもない。

　佐藤さんと奥さんの円（まどか）

さんは、自給的な平和な暮らしを求めて移住地を探しているうちに、地元で炭焼きをしていた佐藤石太郎さんと出会い94年に七ケ宿町に住むようになった。そして石太郎さんを師匠として山仕事と炭焼きを覚え、翌年には自分の炭を出荷し始める。

　そもそも炭焼きは、山人たちの仕事がない冬の副業であった。全国各地どこでも炭が焼かれていた。いっぽう炭焼きを専門にする職人もいた。彼らは全国を旅しながら、炭材を求め、山を渡り歩き、各地で炭を焼きながら移動していった。まさに佐藤さんはそんな炭焼き職人の現代的なあり方を実践しているのかもしれない。

　炭焼きとして10年目を迎え、焼ける炭の質も上がってきたが、ただ「堅く比重がある上質な白炭」をめざすわけではないと言う。使いやすさと適度な品質のバランスのとれた炭を焼き、「特別ではなく、人の役に立つお百姓さんのような炭焼きになりたい」と話す。その意識は、最終的には、自分の仕事と暮らしが支えられている七ケ宿町の山と自然の循環に添った「自然を損ねることの少ない、自然の理にかなった営み」としての炭焼きを目標にしているのだろう。

　炭は石油燃料にとって変わり、山は採算性の高いスギやヒノキなどの針葉樹林に変わってしまった。炭は現代の生活のなかからほとんど消えかけようとしていた。しかし、再生可能な資源としての炭は、にわかに注目され始めた。今、ちょっとしたブームでもある。

　取材のなかでもこれまで多くの炭焼き職人や販売者に出会った。そのなかには、佐藤さんの炭よりも上質な白炭もある。しかし、そうした高級で上手に商品化された炭とは違う、本来的な炭の魅力を佐藤さんの炭と暮らしは伝えている。

　地域に根ざし、山とともに持続可能な豊かさを育て、自分たちの本当の暮らしの質を高めていくこと。佐藤さんの炭には、そんな暮らしと意識がこめられている。全国各地で今も、そんな高い意識で炭焼きをしている人がほかにも少しずつ現われてきている。そんな炭に火を入れることから、今の暮らしのなかに豊かなスローライフが始まるきっかけとなり、その思いは炭火のようにゆっくりと広がりをみせることだろう。

七ケ宿の白炭

宮城県刈田郡七ケ宿町字茂庭道51
☎0224-37-3156
http://ww5.et.tiki.ne.jp/~hakutan7sato/

販売する炭の説明や通販注文はもちろん、家族のことから炭焼き、山仕事、周辺の自然などへ広がるホームページは、なかなかリアルで充実している。商品は、(並上)2kg／1200円、5kg／2200円。(上太)2kg／1600円、5kg／3000円。(上細)2kg／1800円、5kg／3400円などがある。

鎚器銅器の伝統工芸士でもある島倉板美さん68歳。200年の歴史を持つ、燕鎚起銅器の老舗「玉川堂」に1952年に入門し、15年の修行を経た後、67年、初代として島倉堂を設立する

職人・ものを作る人たち

文／遠藤ケイ

この三十数年、全国の職人や仕事師たちを訪ね歩いてきた。山あり、谷ありの、こちらも平坦な旅ではなかったけれど、根無し草のように気楽に旅をして、つまみ食いの感動を味わっていられるだけマシで、地方の片隅で埋もれるようにして、ひたむきにものを作り続けてきた職人たちの生き様に比べるべくもない。

彼らは、総じて寡黙であった。仕事のことも、自分の人生についてもあまり喋らない。聞けば聞かれたことだけは喋る。仕事の流れくらいは分かる。その人間性の一端には触れることはできる。だが、彼らはもっと深いものを胸の奥に隠している。

しかし、石を飲みこんだように口が重い彼らには、手というもうひとつの口がある。こっちの口は雄弁で、嘘も虚飾もない。その職人の積み上

板美さんと2代目でもある息子の政之さん（33歳）親子。仕事場にあった野球のグローブが印象的な仲のいい親子、師弟関係でもある

整理整頓された道具の数々。島倉さんは自分で使う道具もすべて自分で作ってしまう

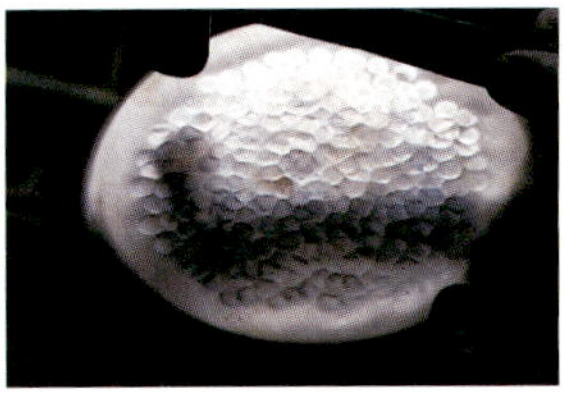

木槌で銅の板をひとつひとつ打ち延ばしていく。生き物のように暴れ、歪んでいく銅を上手になべに仕立てていく

40年使いこんだ銅の急須（右）と新品の急須。使えば使うほど、いい色ツヤが出て、愛着が湧いてくる

げてきた生業や生き様をありのまま、裸で見せてくれている。僕は、彼らの手に強く魅かれるようになった。

　その男の手は、神棚に置き忘れられた鏡餅のようにひび割れていた。男は木鉢作りの職人で、豪雪の秋山郷で数十年、木鉢を作り続けてきた。

　山で伐り出してきたトチの原木を、乾燥しないように水に浸けてある。山の水は冷たくて、薄氷が張っている。原木は水を吸ってさらに重くなっている。それを渾身の力で外に運び出し、斧と釿《ちょうな》で鉢の形に荒取りする。鳥甲山おろしの凍える風が雪を運んでくる。斧を持つ手が、鬱血したようにどす黒くなっている。

　荒取りした鉢を雪に埋まった狭い作業小屋に運び、八中釿《はっちゅうな》と呼ばれる短い釿で鉢の底を削っていく。土間は底冷えがする。カツカツという固い刃音だけが響き渡り、小さな木屑が飛び散る。ひとつ仕上げるのに四、五日かかる。男はヤリガンナを置くと、フーッとため息を洩らし、ゆっくりと煙草に火をつける。煙を吐きながら、費やした時間と労力を木鉢にうつしてみる。この一個の木鉢が家族の生活を支え、人の手に渡って使われる。帳尻が合っているかどうか分からないが、これでいいか、と思う。表情がゆるむ。職人からひとりの男の顔に戻る。男は、ひび割れて血が滲《にじ》む手に熊の脂を塗りこんで、道路を隔てた母家に帰っていった。窓の明かりが暖かそうだった。

　その男の手は、思ったより小さかった。指が短い。だが、太くて肉が厚い。なめし皮のような皮膚をしている。関節がコブになっていて、指先が丸くて潰れたようになっている。爪がめりこんでいる。男は叩き上げの越後鍛冶で、包丁を作っている。

　作業場の火床に火が燃えている。フイゴが絶え間ない息を送る。炎がメラメラと踊る。男はその火をじっと見つめている。鉄が火の色を吸って赤くなる。赤から黄色く輝き出す瞬間に取り出すと金敷の上で叩く。鋼と地金を接合し、何度も火に戻して叩き鍛える。

　鋼は鍛えると金属組織が密になって丈夫になる。刃物の良し悪しは炭素の量で決まる。だが、火の温度が高過ぎると劣化してしまう。いま最先端の化学理論と騒がれているナノテクの実践はとっくに鍛冶屋の手の内にある。火花が飛び散る。小さな鉄の塊が打ち伸ばされて、しだいに包丁の形になっていく。男の顔は炭の煤で黒く汚れ、服は火花で穴があく。だが、男にはいい刃物を作ることしか頭にない。火に照らされて顔が鬼のように赤い。

火床の火を落として金鎚を置く。長年使いこんだ金鎚の柄が指の形に変形している。硬い柄が柔らかい人間の手で握られ、使われているうちに擦り減っていく。その擦り減った分、手がぶ厚くなる。そして、そのパワーと気迫が刃物に乗り移る。だが、出来上がった包丁はその鋭い切れ味の割に、表情が穏やかでやさしい。刃物は、それを作る人間の品性がモロに出る。鍛冶屋は確かな自信の一方で、どこか気恥ずかしそうな表情で出来上がった包丁を眺め、弟子であるふたりの息子に手渡した。息子たちはその包丁を研ぎながら、ジッと親父と対峙する。

その男の手は、右と左で形が違った。男は銅鍋などを打つ鎚起《ついき》職人で、利き腕の右手が骨太で大きい。やはり硬い鎚の柄が指の形にへこんでいる。指も変形している。鎚は常に一点を打つ。しかも、鎚の面全体が当たるわけではなく、中心の一点しか当たらない。腕の脇を締め、肘を支点にして正確に叩く。左手は銅板を回しながら、鎚の当たる位置をコントロールしている。鎚で叩いて銅板が潰《つぶ》れた分がどこかに歪《ゆが》みとなって出る。指先の感触で、銅板の微妙な厚みや歪みの差がわかる。何ミクロンの違いを感知する繊細な手だ。右手と左手が自在に動きながら、精密機械のように連動している。

何の変哲もない銅板が手の中で変形していき、立体の鍋に生まれ変わる。その銅鍋は人の手に渡って、何十年と使いこまれる。職人の手技は代々語り継がれる。ひと仕事が終って、両手をさすり合わせる。左手が右手を労わり、右手が左手を励ます。職人の顔が穏やかだった。

その男の手は、焦がした餅のように真っ黒だった。指の先の硬い皮膚が細かくひび割れている。めりこんだ爪も煤で汚れている。男は握りばさみを作る鍛冶屋で、狸穴のような暗い作業場の火床に向って小さくかがみこんでいる。細い鉄の棒が何本も火にくべてある。それを一本ずつ抜き出すと金敷の上で素早く打ち伸ばしていく。真ん中から折り曲げたときに刃が擦り合わさるように、両端をねじ曲げるようにして先を薄く打ち伸ばす。

十数本打ったらまとめて火の中に入れておいて、また一本ずつ抜き出して鋼をつけていく。焼けた地金の先に小さな鋼をのせ、火で赤めて叩いて接合する。指先が何百度に焼けた鉄に触れる。ヤワな手なら火傷をする。火傷をするうちに皮膚が厚くなって熱さを感じなくなる。作業は目にも止まらないスピードで続けら

刃物鍛冶「重房」の飯塚さん親子。解房さん（61歳）は、全国に刃物鍛冶の巨匠としてその名を知られる職人で、今も全国の料理人から包丁の注文は絶えることがない。ここも二人の息子さんが、その2代目として、多くを語らない父親の後姿を見ながら今もその腕を磨いている

れる。どこをどうやっているのか作業の過程が見えない。動作が素早くて、手が熱さを感じている隙がない。火作りが終って、握りの部分を真ん中から折り曲げると、逆につけた両端の刃がピタリと擦り合わさる。

その手は皮膚が足の裏のように硬くなっている。餅のように硬い角質をたまには削るのかと思ったら、削ると感触がわからなくなるという。「第一、皮膚が薄くなったら、また最初から火傷をし直さなければならんろ！」といって笑った。

力強く、たくましい手だ。あったかい手だった。無骨な手がいとおしく感じる。ものを作るということは、素材に新たな命を吹き込み、再生して、人に伝えていく仕事だ。それが人の暮らしや文化を、そして社会を陰で支えている。職人っていい生業、いい生き方だとしみじみと思う。

あらためて自分の手を見つめてみる。この手は自分のために、そして

鉄を赤め、刃先の部分にハガネを接着し、さらに赤め打ち延ばしていく

金床を巧みに使い、打ち延ばし、しだいに握りばさみの形に整えていく

小ぶりの炉に火を入れ、温度が上がってくると、はさみの本体ともなる鉄を赤める

握りばさみを今も手打ちで作る新光鋏製作所。とはいっても職人の外山さんが、鍛冶場と呼ぶ仕事場で年間約7000本ものはさみが作られていく

「重房」の仕事場。一部ベルトハンマーなどの機械は使っているが、そのほとんどは今も手仕事で、一本一本ていねいに包丁が作られていく。

人のために何をしてきた手かと……。

人間には「手」という素晴らしい道具が備わっている。じつに精密で、機能性に優れた道具だ。それは、人類が危険に満ちた太古の時代に、生き延びる術として、四足から二足歩行をするようになった進化の過程で獲得した、最大の武器でもあった。そして、人類は知能と、それを体現する「手」という道具を身につけることによって、ひとり勝ちの繁栄を、文字通り「手に入れて」きた。

人間は、触覚によって学び、思考する動物だ。手の先にはあらゆる感覚、全神経が集中して脳と直結している。手で直にものに触れ、そのものの成り立ちや特性を学び、それを上手に生かして暮らしに利用してきた。石器や土や木などを加工することから始まり、自然の中にある物質から新しい素材を発明し、さまざまな道具を作り出してきた。そこで作り出された道具は、手の延長としてさらに新たな生産を生み出していく。

ものを作る技術はしだいに高度化するにしたがって細分化していく。優れた道具を作るのに熟練と特殊な能力が必要になり、専門職としてそれぞれの分野で職人が誕生する。職人の技術は、経験とそこに裏打ちされた創意工夫によって継承され、磨かれていく。だから、身の回りの何げない生活道具ひとつにも、職人の技の粋が凝縮している。

生活道具を作る職人は、全国各地にいる。彼らの多くは名を持たず、市井の片隅に埋もれるように黙々と仕事をしている。もともと道具には地域性があって、その土地土地の気候風土によって道具が違う。鍬や鎌などの農具ひとつとっても、耕地の土壌が粘土質か砂地か、赤土か砂礫が混じった土か、あるいは傾斜地か平地化などで形や柄の長さ、刃の角度が違ってくる。包丁も料理法の違いで関西型と関東型、九州型などがある。竹の笊や籠もその地方の用途によって独特の形がある。

また、道具の中では、地形的なものや、歴史的な背景から特殊な技術が生まれ、土地の産業として発展してきたものもたくさんある。そこでは大勢の職人たちが伝統の中で技術を競い合っている。

山深い信州木曽地方では、昔からヒノキ材を使った曲物作りが盛んで、柾《まさ》目の薄板を極限まで湾曲させた容器のメンパが有名だが、秋田では秋田杉でメンパを作っている。奈良吉野では古くからヒノキの端材で美しい割り箸を作り続けている。笊などの竹細工では、岩手県の岩手山や、長野の戸隠、京都、高山、四国の丸亀、九州の別府、鹿児島などが知られているが、それぞれその土地に根差した独自の意匠があって楽しい。

かつての日本は、暮らしを便利にしてくれる道具に対して、素朴な感謝があった。手入れをし、壊れたら修理をして、長く使いこんで大切にした。修理は自分でもしたし、できないものは職人に頼んだ。職人は修理に持ちこまれる道具を見て、使い方やその人の癖《くせ》を見抜いて直したり、補強したりする。注文を受けるときに使い方を聞いて、それにあった道具を作ったりもした。ひとつの道具を通して、作り手と使い手の顔が見えた。だから安心して作れた。だから信頼して使えた。

ものを作る職人は、常にひたむきで自分の技に対して一徹なまでのこだわりを持っている。ある意味で融通がきかない頑固者が多い。職人の頑固さは、自分の作るものや技に対する絶対的な自信でもある。

職人は職業によって体が作られる。若い時からひとつの仕事をやり続けたために、体がその仕事にあったように変形している。だが、本物の職人はそれを恥とは思わない。職人の誇りと尊厳は見た目ではなく、出来上がったものの価値の中に凝縮している。

職人の意識は、ただ自分の技術を磨いて、いいものを作るという一点にある。自然の恵みである素材の特性を生かして、人の暮らしの役にたつ道具を作ることに、素朴な喜びと誇りを抱いている。ある意味では、人の暮らしを豊かにするために、神の託宣を与えられた聖職者といってもいいかもしれない。

だが、道具は作っただけでは完成ではない。使う人間がいて、初めて命が吹きこまれる。職人の頭には常に、作ったものを人がどう生かしてくれるかという思いがある。生活道具は暮らしの中で使われてこそ価値がある。

しかし、現代は合理性ばかりがはびこって、安かろう、悪かろうの使い捨ての道具ばかりの道具が市場を席捲している。一見小ぎれいで安価なものに惑わされ、ものを粗末にする悪しき消費経済に荷担している。それを豊かさだと錯覚している風潮がある。そうした時代性の陰で、日本の伝統的な職人仕事がどんどん衰退していく現実がある。日本の文化の大きな損失だ。

本当の意味での円熟した豊かさは、日々の暮らしを慈しみ、いいものを大事に使いこんでいくことから始まる。職人が気概をこめていい道具を作ったら、今度はそれを使う側の人間の意識が問われる番だ。

包　丁

（右）新潟・三条市の包丁鍛冶「重房」の菜切り包丁。（左）燕市にある片岡製作所「Brieto-M11　PRO万能包丁」刃渡り17.5cm（7000円）。いずれも日本橋木屋などの有名刃物店、もしくは新潟・三条にある地場産業振興センターにて購入可能。

包丁

包丁の切れ味ひとつで料理のおいしさは決まる

最近は包丁がない家もあるというが、そういう家庭ではどんな料理を作って食べているのか、他人事ながら心配になる。毎日、出来合いのお惣菜で間に合わせているのか、それともキッチンバサミ一本でパチパチ切っているのか。

たしかに、キッチンバサミはあると便利である。菜物などの野菜や薄い肉などはこれで充分切り分けられる。魚だってさばけないことはない。だが、ジャガイモやカボチャは切れない。ダイコンの千切りやイチョウ切りなどはできない。また、刺身などはハサミでは切れないし、繊維を無理矢理に断ち切ると、味が落ちる。厳密にいえば、野菜だってそうだ。切れ味鋭い刃物でスパッと切ると身が崩れず、旨みが逃げない。

そこで、どうしても包丁が必要になる。よく切れる包丁は料理をきれいに仕上げ、素材の味を引き立てる。因《ちな》みに、包丁という名称は、もともとは中国の料理人の名前だったという。その料理人が希代の名人であったことから、のちに料理人そのものの代名詞になり、さらに、料理をする作業から道具へとその呼称が転化した。包丁はおいしい料理の基本だ。

では、どんな包丁がいいか。包丁には種類が多い。料理用の包丁には、幅広で両刃の菜切り包丁、細身で片刃の刺身包丁、刺身包丁の先が尖《とが》った柳刃包丁、肉厚で片刃の出刃包丁などがある。菜切り包丁は薄刃で、野菜などを細かく切れる。刺身包丁は片刃で刃が立っていて、魚を薄く削ぎ切る。出刃包丁は魚をおろすときに使う。

こういう包丁は、一般に和包丁と呼ばれ、日本の伝統的な鍛冶の技術で火作りされる。和包丁の特徴は、軟質の地金と硬質の刃金を鍛接し、火で赤めて打ち伸ばして形に仕上げる。刃金は鍛《きた》えると金属組織が密になって丈夫で切れ味鋭くなる。

両刃は刃金を地金で挟《はさ》んだサンドイッチになっていて、片刃は表に地金がついている。硬い刃金を柔らかい地金につけることによって、折れにくく、研ぐにも楽なように考えられている。

和包丁は、熟練した鍛冶職人が丹精して作る。用途によって刃金を選び、火の温度を見ながら赤めて打ち鍛える。刃金は、火の温度が高すぎると炭素が抜けてもろくなる。刃金と地金の鍛接は低い温度でつけるのがいいとされるが、低いと接合しにくい。そこに鍛冶の技術がある。

越後、三条の「重房」の包丁作りは、まどろむようなゆったりした時間の中で、ゆっくりと柔らかい火を熾《おこ》し、内側から熱くなった刃金と地金がくっつきたくなった頃合いを見て引き出して、打って接合する。火をガンガン熾して無理矢理にくっつけてしまう強引さがない。こういう人に鍛えられた刃物は荒れたところがなく、表情に品があって美しい。切れ味も鋭い。みごとな包丁だ。

一般家庭で、和包丁をとりあえず一本選ぶなら、いちばん利用頻度が高い菜切り包丁だろう。薄刃なので、野菜や肉、魚なども切れる。その菜切りにも形に地域性がある。西型は刃先の角が丸く、柄に近い刃元が鋭敏な角度になっている。ジャガイモの芽などを抉《えぐ》り取るのに便利。東（あづま）型は刃先も刃元も角を丸くしてあり、刃全体がゆるやかな膨らみを持っている。ミジン切りなどに便利そう。汎用性が高いのが三徳型といわれるもので、刃先が出刃包丁のように尖がっている。刃先、刃、刃元の機能を一本でこなす。

一方、和包丁に対して洋包丁がある。洋包丁は和包丁と違い、一枚の刃金から原型を切り抜いて刃を研ぎ出したもので、もともとは肉切り用から発展した。薄刃で刃先が鋭く、刃元の角度もシャープで万能の刃物だ。主にステンレス製で錆《さ》びないという利点があるために一般家庭に普及した。

ステンレスの洋包丁は、なかにはすぐ切れなくなる粗悪品も多いが、新潟燕市、片岡製作所のブライトシリーズは世界各国のシェフが絶賛する包丁。特殊鋼を使い、焼き入れにも特別の処理を施して、硬度と粘りを持たせて切れ味が鋭い。ハンドルは刀身と一体型で、抗菌性ステンレスの薄板を袋状にしたモナカハンドルになっている。軽くて使いやすく、熱湯殺菌しても錆びない。

包丁を買うなら、まず、いい包丁を一本選ぶこと。それを使いこむと料理の楽しさが広がり、他の刃物を見る目も自然と身に付いてくる。

県央地場産業振興センター
新潟県三条市須頃一丁目17
☎0256-32-2311

ここで紹介した「重房」「片岡製作所」の包丁は日本橋・木屋などの有名刃物店で扱っているほか、右記の展示販売所で購入することができる。地場産業振興センターでは包丁・金属洋食器など、燕市、三条市の特産である金属製品の即売も行なっており、価格は市価の20％引き近くととてもお買い得だ。

銅なべ・銅やかん

(右)島倉堂製、「つる付あらし肌」550cc、2万2000円。半永久的に使える逸品。また、左の「フライパン」25cm、1万7000円。「片手行平」18cm、1万2500円。直接工房でも買えるほか、全国の有名デパートなどで実演販売を多数行なっている。修理なども随時受けつけているので、末永く付き合っていきたい。

銅なべ・銅やかん

ていねいに打ち出された鎚目が美しい究極のなべ

よく整頓されたキッチンに磨きこまれた銅のフライパンやなべが置いてあると、料理好きの主婦や、家族の明るく、楽しい食事風景を思い浮かんで、こちらまで心が和《なご》んでくる。

なべにも鉄なべやアルミなべ、ステンレスなべ、土なべなどがあるが、料理にこだわりを持つ女性や主婦(もちろん男性でもいいが)が、ひとつこだわって選ぶなら銅のなべがいい。それも、型抜きのものではなく、打ち出しの鎚起《ついき》の銅なべを奮発したい。ちょっと値が張るが、一度使ってみればその価値が分かる。

「鎚起」というのは、「鎚」で「起す」の意。文字通り叩き上げの職人が、銅板を金鎚で叩いてなべなどの形に成形する鍛金技術をいう。手作りの鎚起の銅なべは、手間と時間がかかる。まず銅の平板を火でなまして柔らかくし、一鎚一鎚手で叩く。板取り、なまし、ヘラ絞り、鎚絞りなどの成形、模様打ち、着色、仕上げの工程をすべて手作業で行なう。

平板は、鎚で叩くとへこんだ厚み分がどこかにのびて歪《ゆが》みが出る。その歪みを意識的に利用して立体形に打ちのばしていく。どこを打てばどう変形するかを読むのが、熟練した職人の技だ。また、銅などの金属は丹念に叩くと金属組織が密になって丈夫になる。

鎚起の職人は、子どもを膝の間に抱えこむようにして、鎚を打ち続ける。愛情をこめて鍛え上げられた子どもは、逞《たくま》しく、繊細な気品をまとって成長する。職人仕事は、素材に新しい命を吹きこむ仕事だ。いい鎚起は内側に錫《すず》を張るのも、溶接ではなく、手びきでていねいに塗って仕上げる。

鎚起銅器には、煮こみなべ、フライパン、ミルクパン、湯沸し、水注、急須、銅盃、茶筒、水盤、茶托、花瓶、建水などさまざまある。

銅のなべは熱伝導率に優れている。アルミの二倍、鉄の五倍、ステンレスの二五倍あり、熱がなべ全体に早く、均等に伝わる。お湯が早く沸き、焼け焦げが少なく、食材に均一に火が通る。おでんやシチューなどの煮こみ料理は、熱の対流循環によって芯まで柔らかくなる。玉子焼きがふっくらきれいに焼ける。銅なべを使うと早く、上手に料理ができる。主婦の力強い味方だ。

　銅なべはほかの材質のなべより、じっくり料理ができる。油のなじみもいい。なべを軽く熱し、一度多めの油を入れて行き渡らせてから元に戻すだけで充分。熱い料理だけでなく、冷たい飲み物は逆に冷えて口当たりがよく、清涼感が味わえる。

　銅は、人間の健康維持に必要な金属であると同時に、殺菌、防腐作用があって衛生的な金属でもある。銅の器に水を入れておくと、水が浄化され、腐りにくい。銅の花瓶に花をいけると、いつまでも美しく咲く。急須や湯沸かしはお茶のおいしさを引き立たせる。

　また、銅は耐食性に優れ、丈夫で長持ちする。数千年前の貨幣や銅器が腐食せずに残っているのはそのためだ。

　銅なべは、使いこむほど光沢が増し、味わいが深くなる。また、手入れの仕方で長持ちし、いつまでも美しい輝きを保つ。いい道具を長く使うにはメンテナンスが大切なのだ。

　まず、空焼きはしないこと。内面処理した錫を溶かしてしまう。錫が溶けても害はないのでそのまま使えるが、見た目の美しさが損なわれる。

使用後は水洗いをして、水分をよく拭き取って収納する。油汚れなどは食器用の中性洗剤で洗い、よくすすいでから水気を拭き取る。こびりつきは、お湯を張って沸騰させて、浮いてくるのを待つ。

　調理したものをなべの中に入れたまま保存しない。変色の原因になる。銅は塩分、酸気が大敵で、銅の錆である緑青が発生する。緑青は無害が証明されているが、せっかくの銅器の美しい肌合いが汚くなってしまう。緑青や変色汚れはクレンザーや、酢と塩を同量混ぜた液をスポンジで磨くときれいになる。

　こうして書くと、扱いが面倒そうに思うかもしれないが、慣れれば自然にできるようになる。むしろ、こんな日常の細やかな所作が暮らしを楽しむゆとりにつながる。何よりもこのなべひとつで、料理を作ることがうれしくなる。

　安物を買って使い捨てにするのではなく、いい物を買い求めて、長く使いこむ方が、結果的に経済的で、道具への愛着が生まれる。

島倉堂

新潟県燕市大字杉柳６６４-１
☎０２５６-６３-５４３６
http://www.ne.jp/asahi/simakuradou/simakuradou/

伝統工芸士でもあるご主人の島倉さん親子がこの技術を守り伝えている。商品は直接買い求めることができるほか、全国有名デパートなどでの実演販売も行なっている。また、燕三条駅近くの地場産センター（P１１３参照）でも取り扱っている。

鉄びん・鉄なべ

（右）ガスコンロで3合のご飯が炊ける「南部ご飯釜」5250円。5㎜の底厚と丸い底が特徴。なべや天ぷらなど幅広く使える。左は鉄びん風の急須（3000～）。1升が基本の鉄びんだが現代の生活でも使いやすく、伝統をいかした商品が数多くある。5人の職人が計7種を製作

鉄びん・鉄なべ

アンティークな南部鉄器も、じつは日々進化中

映画『時代屋の女房』のなかで、今は亡き夏目雅子が大きな南部鉄びんを手に下げて歩いていくシーンを覚えているだろうか。骨董品店が舞台というこの映画からもわかるように、いつのまにかアンティーク扱いされている南部鉄びんだけれど、今でも伝統的な技法で盛んに生産されている。そればかりか、鉄器の持つメリットを生かしつつ、現代の生活様式に合った製品も多数開発されているのだ。

南部鉄器はその名のとおり岩手県の盛岡市と水沢市で作られる。鉄器は溶かした鉄を型に流しこむ「鋳造」という製法で作られるが、これには鉄鉱石はもちろん、型を作るための良質な砂や粘土、そして大量の薪が必要だ。この地域はそれらがすべてそろっていたのに加え、近くを北上川が流れているおかげで製品を石巻まで船で運ぶこともできた。その歴史は約850年前の藤原三代の時代にまでさかのぼり、盛岡では主に殿様や幕府への献上品として湯釜（のちに鉄瓶）を、水沢ではなべ、釜、飼い葉桶などの生活用品を作っていたという。

鉄器の製法は基本的に昔と大きく変わっていない。水沢市の大手、及源鋳造の工場を専務の及川久仁子さんに案内してもらった。鉄の焼ける匂いと熱気が充満する工場に入り、まずは鉄を流しこむための砂型を作るところを見せてもらう。砂と粘土を混ぜたもので型を作るのだが、これが砂とは思えないほど精巧で、ある種の美しささえ感じさせる。鉄びんの型は何度か使える方法をとるが、それ以外のほとんどの製品の型は一回で壊されてしまう運命だ。

型ができると溶鉱炉で溶かした真っ赤な鉄（湯という）を流しこむ。一見簡単そうに見えるが、隙間ができないように流しこむのもまた職人技の見せ所。冷めたところで砂型を壊して中身を取り出す。この時点ではまだ鈍い銀色でバリも出ているが、これをひとつひとつヤスリをかけ、必要に応じて色を塗ったり、釜で焼いて酸化皮膜をつけたりする。小さ

なものは手に乗るような風鈴や水差しから、大きなものは街路灯や橋の欄干《らんかん》まで、すべてこの作り方だ。

南部鉄器で代表的な製品といえば、やはり鉄びんと鉄なべということになろう。鉄びんは一見やかんのような形をしているが、そのルーツは茶道で使う湯釜。300年ほど前に盛岡の殿様のアイデアでフタがつけられたのが始まりで、しだいに庶民の間にも広がっていったという。鉄びんの顔ともいえる独特のアラレ模様（粒々模様）や鶴亀、馬などの動物・植物模様は、熟達した職人がひとつひとつ手作業で砂型に施してゆく。

この模様と、丸型や寸胴型、下が台形に飛び出しているか（万代屋や大徳寺型）否かなど、いくつかの基本的な形が組み合わされて、さまざまな表情をもった鉄びんが生まれる。ちなみに急須は、今ほど大量輸送ができなかった時代に、鉄びんのミニチュア版サンプルとして作られ、注文をとるために全国に発送されたのが始まりだとか。

鉄びんで沸かした湯は身体に吸収されやすい鉄分が溶出し、またまろやかさがあるという。これは鉄びんに限らず、すべての鉄製品にあてはまる。及源ではすき焼なべやツルつきの丸なべのような伝統的な製品を製造するいっぽうで、今の生活様式に合ったデザインや用途のなべ類も多数開発している。単に長く受け継がれた伝統を守り続けるだけでなく、長く使われてきたその理由＝メリットを熟知したうえで、時代にあった製品にそれをいかしていこうという姿勢にほかならない。

したがって、囲炉裏が似合う鉄びんや鉄なべを、ガス台で使ってもなんら問題はないし、現代のインテリアに調和した新製品を選ぶことだってできる。最近数が増えているＩＨヒーターは強力な熱源のため、従来のものだとひずみが出る可能性があるが、この点でも及源ではいち早く研究をはじめ、すでに対応製品をラインナップしている。

ただし、鉄である以上、錆びだけは注意をしないといけない。酸化皮膜等の処置を施しても、使いっぱなし洗いっぱなしでは、すぐに錆びさせてしまう。少々の錆びは茶殻を煮出すなどして食い止めることができるほか、深いものは修理も可能だが、やはりそれ以前の気配りが大切。使用後はすみやかに洗い、軽く空焚きして水分を飛ばしておこう。 Ⓗ

及源鋳造

岩手県水沢市羽田町字堀の内45
☎0197-24-2411
http://iwate.info.co.jp/oigen/

右記本社に隣接して直売所がある。このほか、全国の有名百貨店、専門店でも購入可能。インターネット通販も可能で、右記ＨＰのほか、同社東京営業所でもある東京盛栄堂（☎03-3626-5661）のＨＰ、http://www.seieidoh.co.jp/も利用可能

木杓子・へら・こね鉢

檜枝岐周辺の山で伐採されたブナやトチ、シナの木を使って作った木製品。こね鉢（尺5　トチ）2万2000円。木杓子（3寸8分　ブナ）500円、（2寸3分　ブナ）350円。へら300円。木皿（7寸　タモ）2200円、（6寸　シナ）1100円。いずれも檜枝岐村木工品展示販売所で購入できる。

木杓子・へら・こね鉢

食卓を彩るぬくもりのある木製品

　最近は家庭で木製の杓子《しゃくし》を見ることが少なくなった。若い人や子どもたちの中には木杓子というものの存在すら知らないかもしれない。いまや、プラスチックや、金属製の杓子が主流になっている。

　一見、小ぎれいで衛生的、扱いやすくて、値段が安いという利点がある。しかし、生活道具というものは、利便性だけでは趣きに欠け、暮らしそのものに潤《うるお》いが欠如してくる。

　そこへいくと、木杓子はやさしく手になじみ、どこか人肌の温もりがあって、気持ちまで落ち着いてくる。木という素材のよさである。料理によっても杓子を選ぶ。おひつに移したご飯をよそうにはやっぱり木の飯杓子が似合うし、なべものには木の汁杓子がしっくりくる。木杓子は食べ物に匂いが移らない。金属と違って、ガリガリとなべをひっかく無粋な音がしない。

　一般に杓子には、汁杓子と飯杓子とがある。汁杓子は、別に玉杓子、俗に「お玉」などと呼ばれる。もっと昔は、貝杓子、刳《くり》杓子ともいった。貝杓子は、主に海岸部でホタテ貝や大ハマグリの貝殻に柄をつけて使ったもので、刳杓子は山間部でお椀のように木を刳り抜いて作った。また、飯杓子は、杓文字《しゃもじ》、平杓子、板杓子などともいう。平安時代より前は汁杓子も飯杓子も区別がなかったらしい。

　木杓子は、中世に入って柄が曲がった。じつは、この曲がりが道具としての実用性、機能性を高める工夫だった。

　杓子の柄が真っすぐだと汁物はすくいづらい。なべの底の方はとくに使い勝手がわるい。うまくすくうにはなべの方を傾けなければならない。熱いなべだと火傷をする危険がある。だが、柄を曲げてやると、なべの縁に邪魔されない。杓子の皿の部分を少し上に反らすようにすると、すくいやすく、汁がこぼれない。

　いい杓文字は、支点が柄の付け根の部分にくるように作ってあるので重さの割に軽い力ですくえる。柄と皿の角度がつけてあって、杓子を真横から見て、柄と皿の差し渡しが一寸（約3㎝）くらいあるのが使い勝手がいい。

木杓子は主にブナ材で作られる。ほかにホウやサクラ、ヒノキなども使われる。福島県桧檜岐では、ブナを使い、雪深い山里の冬の副業として生産されてきた。昔は、伐採したブナの原木を麓まで運び出すのが容易ではなく、伐採現場に近い山の中に簡素な小屋を建て、冬の間、男が家族と別れて寝泊りして木杓子作りをした。

木杓子作りには、およそ一七の工程がある。伐採した原木を杓子の長さに玉切り、木口（断面）に放射状にスミをつけて柾目に割る。柾目に割った板を両足で支えながら、柄の部分を残して両側からノコギリを入れ、ナタを入れると板状の杓子の原型ができる。そのあと、数種のナタとセンという道具を使って削り、最後に皿の部分をえぐるように削って仕上げる。

木杓子のよさは、ナタの削り跡を生かした、いかにも手作りらしい素朴な味わいと、柄から皿への曲線をいかしたフォルムの美しさにある。その何げない形に、木の素性と機能性を見極めた職人の技が凝らされている。

ブナ材は生木は柔らかくて加工しやすいが、乾燥すると木質が固く、そのうえ粘りがある。水やお湯に浸けても変形せず、腐りにくい。虫も入らない。木肌が白く、美しい。使ったあとは、水洗いし、陰干しで乾燥しておくと長く使える。使いこむほど、風合いが出てくるのが、手作り製品のよさだ。

かつては、木杓子は家庭を守る女性の象徴だった。杓子には生命を維持する呪力があると信じられ、それを扱う主婦が家族に食べ物を分配する権利を掌握するという考え方があった。道具をいたわり、食べ物を大事にするという心が一本の杓子にこめられていた。

こね鉢は、そばやうどんを練るのに必要な道具で、主にトチの木で作られる。いいこね鉢は荒取りから仕上げまで職人の手仕事で作られ、表面のヤリガンナ仕上げの刃跡が美しく、こねるときに粉がこぼれないように縁に独特の工夫がしてある。トチの木は乾燥すると、刃物が立たないほど堅くなる。丈夫で、最近では氷を入れてワインなどを冷やしてテーブルに出すインテリアとしても人気がある。

檜枝岐木工品展示販売所
福島県南会津郡檜枝岐村字見通1136
☎0241-75-2349

檜枝岐村では昔から林業が盛んで、生活の一部として木工品が作られてきた。木杓子のほかにもネズコ（黒檜）を使った曲輪やこね鉢、木皿などがある。民芸品的なお土産というよりもどれも実用度の高い製品ばかりだ。冬期（12～3月）は水曜休、営業は8時30分～17時まで。

弁当箱

およそ20㎝の小判型弁当箱。7000円。保温性、保湿性にすぐれ、ほのかな杉の香りが楽しめる。弁当箱として優れているのは、洗剤を使って洗うことができること。大きさや形によって、弁当箱は5500円から8500円まである。

おひつ

おひつは2種類ある。写真のようにフタが本体に重なる「江戸おひつ」とフタが本体の上に乗る「関西おひつ」。ともに3合から1・5升までのサイズがあり、価格は6900円から14500円まで。写真は3合用で8400円。一般家庭では、3合か5合が最適。

弁当箱

杣人が生み出した軽くて便利な曲げわっぱ

柾目板《まさめ》（木目がまっすぐなもの）をうすくそぎ、熱湯でやわらかくしてからくるりと丸めて桜の皮で飾り止めし、底をいれたものが曲げわっぱである。曲げものの桶は奈良時代にはすでに広く使われたようだが、弁当箱としては江戸時代に杣人《そまびと》が使い始めた。

当時は同じ弁当箱でも、職業によって小判型だったり、つるを付けて持ちやすくしてあったりといろいろと工夫がなされていた。現在でも秋田県大館市、福島県檜枝岐村、長野県木曽郡などでわっぱ作りが行なわれている。弁当箱のほかに、お盆、茶筒、重箱、おひつや菓子入れなどのバリエーションも生まれ、内側に漆《うるし》を施したものも作られている。

こうなると、生活雑貨というより工芸品のようだが、道具としての実力はなかなかのものである。お弁当箱はおひつと同じ効果によって、ご飯が冷めてもおいしい。また、油ものを入れても大丈夫なうえ、おかずのつゆが漏れることもない。昭和になって発見された百数十年前に作られた曲げわっぱでも、フタがきっちりとはまって寸分の違いもないほどだったという。

ただ作りは正確だが、木製品なので扱いには注意が必要だ。使用時は内側を水でぬらしてからご飯を入れる。こうすると、ご飯が付きにくい。ご飯がとりにくいと箸でわっぱを突くことになり、そうするとそこから黒ずみが生じてしまいかねない。

長時間水に漬けることも避けたい。こう記していくと、かなりやっかいな道具に思えてくるが、普通に5、6年は使うことができる。毎日使えば10年はもつという。毎日使うほうが長もちするというのも、曲げわっぱが生きている証拠のようでたのもしい。

大館工芸社

秋田県大館市釈迦内字家後29-15
☎0186-48-7700
http://www.magewappa.co.jp/

秋田杉を使った曲げわっぱの弁当箱を中心に、茶筒、重箱、おひつ、菓子器などを手作りで生産している。伝統の技を伝えていくために、市に協力しながら県営の青少年用施設で曲げわっぱ作りの体験指導もしている。大館曲げわっぱ協同組合に加盟。

おひつ

ご飯の本当のおいしさを引き出す台所道具

東京では、「おひつご飯」を売りにする酒場やレストランが人気だ。日本人のお米の消費量は減り続けているというが、おいしいものを常に求める日本人が、おひつに入ったご飯のおいしさに気づいた、ということなのだろう。実際、ご飯が別物になる。というより、それがご飯本来の姿なのかもしれない。

粒のひとつひとつが独立するようにしっかりとしているのに、噛むとやわらかく、甘い。これは、サワラという木が余分な水分を吸いこんでくれるからだ。炊飯器は保温を続けるが、その反面水分をご飯から奪う。そして独特のにおいをも発するようになってしまう。一方、おひつに入れたご飯はじきに冷めてしまうが、そのおいしさは変わらない。夏場はとくにいい。おひつご飯なら常温でも2日ほど傷まない。

こんなに便利な台所道具なのに、家庭であまり使われなくなった理由は、簡単だ。水に漬けっぱなしにできないし、乾燥しすぎるとタガが外れる。かといって中途半端な乾燥だとカビを呼ぶことになる。つまり手入れが面倒ということだろう。しかし、これも慣れ。実際に使い始めてみるとそれほど難しいことではない。以下は私がおひつやさんに教えてもらった手入れ法で、日々実践済み。

まず、使い終わったら隅まできちんとたわしで洗って乾かす。陰干しは毎日しなくてもいい。長く使わないときはおひつの中に新聞紙を丸めて入れて、さらに全体をくるみ、さかさまにして保管する。なるべく風通しのいい場所を選んで置く。黒ずんだりカビが生えたら細かいサンドペーパーで削る。そうそう、使い始めに酢を塗って熱いお湯を入れるのをお忘れなく。うっかりすると木の味のご飯を食べるはめになる。

木曽木材工業協同組合
長野県木曽郡上松町荻原1579-3
☎0264-52-5500
http://shinshu.alps.or.jp/ippin/files/10042-01.html

30㎝以上の江戸おひつは36㎝まで、関西おひつは45㎝まで、それぞれ3㎝刻みで注文を受け付けてくれる。物にこだわる人や食べることが大好きな人への結婚祝い、新築祝いなどに贈ると喜ばれるかもしれない。

台所用具としてぜひ欲しいのは、水を切ったり、魚に塩を振ったりするときに使う丸ざる。縁がしっかりして丈夫なものがいい。９寸丸ざる１５００円、８寸丸ざる１３００円。片口の１升みざる１５００円。野菜や果物を盛る目かご１５００円。両口ざる１６００円。最近は中国製のものが出まわっているが壊れやすい。

ざる

ざる

自然の恵みを生かした知恵と技術が編みこまれている

「ざるから水が洩る」、「あの人はざるだ！」などという。ざるでいくら水を汲もうとしても汲めない愚かさ。いくらコンコンと話をしても、ざるから水が洩るように頭から抜けてしまう。大酒飲みで、酒を水のように飲んでも酔わない。野球などでも、エラーばかりする選手を「あれはざるだ！」などと嘲笑したりする。ざるにはあまりいい例えはないが、逆にその水切りのよさこそがざるの最大の特質でもある。

ざるの材料は竹。地方によってマダケ、メダケ、シノダケ、スズダケ、ネマガリダケなどが使われる。ざるの種類も、米揚げざる、四身ざる、目かご、蕎麦《そば》ざる、飯かご、味噌濾《こ》し、塩かご（シオテゴ）、豆腐かご、魚かご、箕《み》など、数が多い。さらに、地方の暮らしにあったざるが作られてきて、その種類はさらに広がり、土地土地にざるを作る職人がいる。

米揚げざるは、地方によってソーケ、ショーケなどといい、縁が円形、または卵円形で、やや深底。一方がすぼまって口が作ってあるものが一般的。主に米を研ぐのに使う。米をこれに入れてゴシゴシ研ぐ。その際に米粒がこぼれたり、編み目に詰まらないように細い割り竹を細かく編んである。

米を研いだら、ざるごと水に浸すと米が底に沈み、濁った水やヌカなどのカスやゴミが水面に浮く。そして、ざるの口を流れの下に向けると自然に流れ出る。きれいになったら、ざるを上げれば編み目から水が切れる。

四身ざるは魚や貝、キノコなどを入れておく。目かごは底が深く、野菜を洗ったりするほかに用途が広い。蕎麦ざるは底が浅く、蕎麦やうどんを盛る。

飯かごは、夏にご飯を入れて、蒸れて腐らないようにする。味噌濾しは鍋に味噌を溶くときに使う。塩かごは塩からにがりを採るときの道具。豆腐かごは豆腐を入れて水切りをする。魚かごは魚を入れる。箕は穀物の殻を選別するのに使う。

ほかに、芋洗いかごなどがあって、

サトイモなどを入れて水の中でジャブジャブやると泥が洗い落とされ、竹の角でこすれて皮がきれいに剥《む》ける。

竹を編んだざるは、丈夫で水切れがよく、通気性があって熱がこもらないので、ものが腐りにくい。竹ざるは水回りだけでなく、魚の干物を天日に干すときなどにも使う。通気性がよく、魚が傷まない。竹そのものに殺菌力があって、生物の鮮度を保ち、腐敗防止になる。食品用の道具としては、うってつけの素材だ。

竹は日本の東北地方以南の各地に多く自生していて、材料が手に入りやすい。また、竹は繁殖力が強くて、放っておくと密集して土地をどんどん侵食していく。

竹林を維持、管理するためには切って間伐していかなければならない。しかも、竹は切っても長く伸びた根から竹の子が出て、二、三年で太い成竹になってしまう。逆に見れば、竹は二、三年で再生可能な自然資源ということになる。昔の人たちは、そういう竹の特質を上手に利用してきた。

竹を切るのは水分が少なく、油が強い寒の時期。切ってきたら鉈で割り、さらに細く割って薄く裂く。目の細かいざるを編むときには、割り竹を四枚、六枚と薄く割り裂く。外側の皮の部分が丈夫だが、ものによって内身の部分も使う。俗に「竹割り三年」といわれるほど年季がいる。

細く割った竹を編んでいってざるに仕上げる。編み方は用途によって変わる。六つ目編みは、三方から竹を差しこんでいって、編み目が六角形になる。四つ目編みは四角形。編み目が大きいので通気性や水切れがよく、野菜などを洗うのに向いている。

ざる目は細い割り竹を芯に巻くようにして目をつんで編んである。蕎麦や細かいものをのせるのに使う。網代編みは幅のある竹を二目飛ばしなどに編みこんでいくもので、蒸かごや平かごなどに使われ、装飾的な美しさもある。縁の仕上げも強度を考えて編み方を工夫してある。

竹は繊維が密で真っすぐなので、細くしても強く、弾性があるので多少無理に曲げても折れにくい。加工が容易。また、竹のざるは丈夫で、腐りにくい。使ったあとの手入れさえすれば何十年ともち、使いこむほどにいい風合いが出てくる。熟練した職人が作る竹ざるは、自然の恵みをいかした知恵と技術に結晶だ。E

しばた工芸

岩手県盛岡市繋字尾入野64-12
☎019-689-2736
http://www.ginga.or.jp/morihand/koubou/shibatakougei/

岩手県北地方、おもに二戸周辺でとれるスズ竹を使った竹ざるや竹細工を扱っている。スズ竹はしなやかで弾力があり、水にも強く縁が丈夫なところが特徴。ホームページでの通信販売も可能。

すり鉢

すり鉢のサイズは「号」と呼ばれるが、実際の寸法は寸勘定。つまり5号なら15㎝余。5号は350円、7号は650円、9号は1000円。小売店によって価格が違うので、すべておおよその値段。「18寸などの大物なら注文すると割安。でも小さいものなら近くで買ったほうが安いです」とはご主人の弁。

土なべ

土なべは「ふっくらさん」3500円。遠赤外線の効果で、食材がおいしく仕上がる。網を使って焼く、蒸す、冷やすと一年中使える万能な土なべである。皿の部分を使って、食品を炒ったり、あぶったりという焙烙のような使い方もできる。写真は径22㎝。径31㎝（7000円）の大サイズもある。

すり鉢

日本料理の歴史を変えた「香り高い」陶器

　ひと昔前にはあたりまえにあった台所道具が、知らない間に少しずつ姿を消している。すり鉢もそのひとつではないだろうか。いまはその役目をフードプロセッサーが肩代わりしている。たしかに便利だ。でも、何だか味気ない。ごりごりとゴマをすっていると立ち上ってくる香しさ。木の芽の春の香り。胡桃のこくのある香り。自然薯がとろろ汁に。いわしがつみれに変わり、豆腐が白和えになっていくにはこの「ごりごり」が必要、という気がしてならない。

　もともとは製粉器として使われていたすり鉢が、やがて調理器具として不可欠となったのは、室町時代に日本料理が生まれたころといわれている。「すり鉢が日本の料理の歴史を変えた」（『台所道具いまむかし』小泉和子）というほどの影響力があったのである。

　現在ではその影は薄くなったとはいえ、町の陶器屋をのぞけば、あの素朴なあめ色の焼き物を目にすることができる。愛知県の瀬戸や、常滑などでは、4・5寸から18寸まで、家庭用、業務用に対応できる十数種類のサイズが焼かれているという。一般家庭では5寸から9寸くらいを目安に、家族の人数に合わせて選べばいい。

　最近では、雑貨やの店先に片口風、小鉢風のすり鉢が並んでいるが、あまり小さいとすり鉢としては使いにくいので、実用性を考えるとどっしりと腰のすわったものをひとつ持っていたい。筋目がはっきりと深く刻まれていることも重要だ。

　使ったあとはとくに筋目をきれいにタワシでこすり、汚れを残さないようにする。そしてきっちり乾燥させる。清潔にしておかないと、次に使うときにカビが生えていたということになりかねない。

ヤマセ製陶所

愛知県常滑市多屋町4-5

☎0569-35-2743

創業は明治末期で、戦後まもなくすり鉢専門の窯になる。常滑では唯一の専門窯で、現在のご主人は3代目。家族と従業員の計5人で4・5寸の小物から18寸の大物すり鉢までをてがける。現地に直接行ったり大物を注文する場合は、値引きに応じてくれるそうだ

土なべ

おおいに利用したい焼き物の台所道具

焙烙は、「ほうろく」と読む。昔から使われてきた台所道具だが、今ではほとんど見かけることはなくなった「平たい土なべ」である。通常焙烙というと、素焼きの皿状のものをいうが、取手のついたものや袋状になっているものもある。

いずれも便利な道具なのに、なぜ焙烙は使われなくなったのだろうか。それは、焙烙がいちばん得意とする「炒る」という料理法を私たちが行なわなくなったからではないだろうか。ゴマにしろ大豆にしろ、すでに炒ってあるものを、当たり前のように買っている暮らしが焙烙を忘れさせたのだろう。

この「和風フライパン」は、パンをトーストしたり、お餅を焼いたりするのにも役立つ。酒の肴をちょっと焙るのにも手軽でいい。このまま日本の台所から消えていってしまうのかと思っていたら、驚いたことに焙烙と一体になった土なべが最近売り出されている。

土なべは冬の食卓には欠かせない存在だ。牡蠣なべ、きりたんぽなべ、しょっつるなべ、おでん……。なべ物は冷えた身体を温めてくれる冬の最高のご馳走だ。

ところで、なぜなべ物のことを「なべ」というのだろうか。土なべそのものは古代から使われていたが、調理道具そのものが料理名になったのは、江戸時代中期ころからである。七輪や火鉢などを使うようになり、「小なべ仕立」という料理方法が普及したことで、「なべ」という呼称が市民権を獲得したのである。

ともあれ、最近の土なべの多機能性には驚かされる。ご飯が炊けたり、蒸し料理ができたり、オーブンのような使い方ができるものなどと、これからも進化を続けていきそうな勢いである。

長谷製陶

三重県阿山郡阿山町大字丸柱569
☎0595-44-1511
http://www.nagatani.com/

江戸時代天保3年に創業。以来、伊賀焼の伝統を継承し続けて現在7代目。火に強い伊賀焼の特性を生かし、オリジナルの土なべも考案している。また、取手付きの焙烙なら、茨城県真壁郡にある横田製陶所（☎0296-55-1560）で手に入れることができる

わりばし

吉野杉を使ったわりばし。赤いものは材の中心部を使ったもので、見た目に美しいだけでなく香りも強い。だが、外側の背板を使っているので取れる量も少なく貴重品。長さや形の違いでそれぞれに呼び名が違うが大きな意味はなく、趣味で使い分ければよい。8種類各3膳づつのセットで4000円。

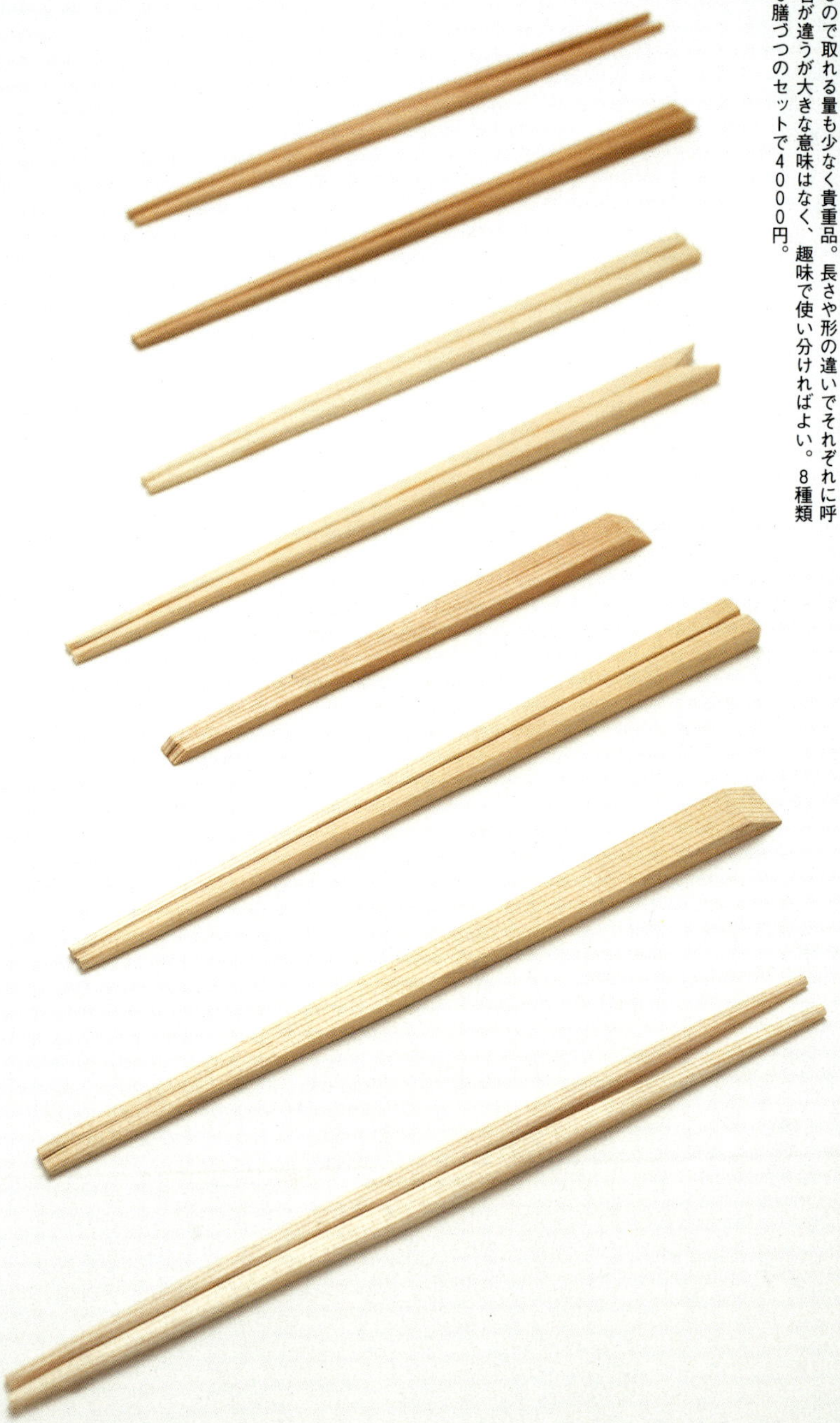

つまようじ

桐箱に入ったクロモジの木を使ったつまようじ６００円～。箱の中にはつまようじに加え、サルがようじをくわえた浮世絵調のかわいいカードも入っている。そもそも、つまようじは、歯をきれいにするもので、現代でいうところのデンタルピックの役割。世界には今も歯木といって木で磨く国もある。

わりばし

吉野杉の芳香が繊細な日本料理をひきたてる

この本の基本的な趣旨に「いいものを長く使いたい」ということがある。目先のコストや便利さを優先し、そのためには使い捨ても当たり前という今の風潮に「待った」をかけようと……。しかし、これは「あってもいい使い捨て」なのではないだろうか。日本独自の食器、わりばしだ。

食べ物を口に運ぶための食器は西洋のものを始め、海外の多くのものも金属、象牙などからできている。しかし日本の箸《はし》は木や竹だ。そのままでは少なからず料理の汁など吸って変色したりするし、そういった箸を使い続けるのはあまり気分がよろしくない。そこで塗りの箸が生まれ、いっぽうで客人をもてなす際には、誰も手をつけていないという意味もこめてわりばしが使われるようになったのだろう。

一時期、森林破壊につながるということで、わりばしの是非が問われた。しかし、間伐材や製材の際に出る木っ端を利用するぶんには、むしろ森の活性化や資源の有効利用につながる。事実、古来からわりばしはそういった木材を使ってきた。

この吉野杉箸もそのひとつ。その名のとおり超がつくほどの高級材で知られる吉野杉を使ったものだ。といってもわりばしになるのは、製材した際に残る外側の三日月型の部分(背板という)。これを職人が一本一本手作りで仕上げている。

手に取ってみると軽く、ごく自然に収まるなじみのよさ。同時になんともいえない杉の芳香が漂ってくる。吸い物をはじめとする繊細の極致である日本料理は、こういった箸があってはじめてひきたってくる。

冒頭で使い捨てと書いたが、家庭で使うぶんには洗って何度も使って構わない。ただし、香りは使うほどに薄れていくけれど。Ⓗ

森田商会

奈良県吉野郡下市町下市2766

☎0747-52-1908

http://www4.ocn.ne.jp/ m-shokai/

販売は基本的に写真で紹介したセット販売のみ。業務用など量がまとまった場合は特注も応相談。インターネットによる通販以外は、直接上記事務所、または大阪事務所(大阪市中央区島之内1-15-30　ダイイチビル2F、☎06-6245-8512)で購入可能。

つまようじ

たかがようじ、されどようじ、のこだわりの一本

ようじは大きくふたつにわけられる。ひとつは和菓子などをいただくときの菓子ようじ、もうひとつは漬け物や果物を食べるときに刺したり、歯の間の掃除用としてのつまようじだ。歴史をさかのぼると掃除用としての使い方が主流だったようで、房ようじと呼ばれる先端をほぐしてブラシ状にしたものに行きつく。

ようじは主にクロモジの木で作られた。これはクスノキ科の低木で、細いわりに粘りがあり、かんじきや地方によってはハンマーの柄にも使われた。削るとスーッとしたいい香りが漂うが、これは樟脳の成分が含まれているためで、殺菌作用や鎮静効果があるという。扱いやすく、口の中を清潔にスッキリしてくれるクロモジは、ようじの材料にふさわしかった。

なかでも、江戸時代に千葉県久留里で始まった雨城《うじょう》ようじは、「粋」という言葉が似合うデザインで人気を呼んだ。皮の濃い茶色と材の白を巧みにいかし、松、竹、梅、のし、鶴など縁起物の意匠が施された。ちなみに雨城とは久留里城のこと。城下の下級武士が内職として作っていたという。現在は唯一、君津市在住の森光慶氏がその技を伝えているが、市場に出ることはほとんどない。

現在クロモジを使ったようじは、おもに河内長野や高知で作られているが、そのほとんどが手作りのため、高級品となっている。菓子ようじはもちろん、つまようじもちょっとかしこまった席やおもてなし用に、なんてのに向いている。

食後にシーシーやるにはヤナギやシラカバを使った大量生産のつまようじ。これらは製材から加工まで機械化され、世に送り出されている。でも木目とか関係なく作るからすぐ折れちゃったりするんだけど。Ⓗ

さるや

東京都中央区日本橋小網町18-10
☎03-3666-3906

創業300年という日本橋の老舗。日本唯一のようじ専門店。クロモジを使った高級品も各種取りそろえており、千両箱を模した桐箱に入ったものは縁起物として、また外国人へのお土産としても人気が高い。販売は店頭のほか有名デパートで。通販は行なっていない。

かつおぶし削り

木屋には数種類のかつおぶし削り器が置いてあるが、ここで紹介する「団十郎」は最高級品である。箱は総桐製、刃は安来青紙鋼で本職の大工さんが使うほどのものである。桐は熱や湿度を調節してくれるので、この中に鰹節を入れておけば風味を保つことができる。価格は2万1000円。

茶筒

京都の開化堂では銅とブリキの茶筒を作っている。（手前銅製）取込盆用120g、高さ81㎜×直径76㎜7000円。（奥ブリキ製）6000円。生地物と呼ばれる地肌を生かした塗装のない表面が磨き上げられ、絹のような手触りと光沢が、使うたびに手で撫でると、特有の渋い色つやがにじみ出てくる。

かつおぶし削り

だしを極めるには、上等な鋼のついた削り器を選ぶ

現代の台所の音が「チン」だとすると、ひと昔前はかつおぶしを削る「シュッ、シュッ」という音だった。「シュッ」の音に蒸気をあげる「シューシュー」が交わり、「トントン」と軽やかな包丁の音も加わる。当のお母さんたちは大変だったろうが、そんな朝の光景は私たちには豊かな日本の記憶として刻まれている。

かつおぶしは削りたてがいちばん、と知っていても、パック入りの便利さにはかなわない。と思ってしまうのは、「削りたてがおいしい」ということを多くの人が実感できていないからではないだろうか。

向こう側が透けて見えるほど薄く削ったかつおぶしにねぎのみじん切りを加え、ちょいとじゃこでもいれておしょうゆを少し。これをご飯にのせて食べてみてほしい。ご飯がするりとおなかに収まること請け合い。しかも、かつおぶしを自分で削ると市販パックより安くなり、経済的でもある。

削り器の価格はそれこそピンからキリまであるが、購入の際には台を裏側から見るといい。刃が厚く、そして台が厚くしっかり重いこと。これが重要だそうだ。見かけだけでは何が違うのかわからないが、手にとって確認すれば間違いない。

箱の素材は檜や桐などと値段によってかわってくるが、値ははるものの湿気を呼ばない桐製がおすすめだ。

このほかにも、削る厚さを簡単に調節できるもの、かつおぶしが小さくなったときに使う安全器具がついたもの、ステンレス製や子供でも使える回転式の削り器などいろいろな種類の削り器が出ている。

新しいタイプについてはともかく、昔からある削り器は購入時には刃の調整をしていないので、その点も注意して求めたほうがいい。

木屋
東京都中央区日本橋室町1-5-6
☎03-3241-0110
http://www.kiya-hamono.co.jp/

刃物といえば木屋というほど、老舗中の老舗。寛政4年に創業してから200年余り、日本橋で営業を続けている。刃物に付随するメンテナンス用品はもちろんのこと、台所道具のありとあらゆるものを取りそろえている。

茶筒

使えば使うほど輝きにまろやかな味が出てくる

茶筒は、煎茶や番茶、ほうじ茶などを小分けして入れておく茶道具。茶を湿気させないように保管しておく容器で、気楽にお茶を楽しむために欠かせない日常道具である。

煎茶は、煎じ茶から発展したもので、以前は茶葉をやかんや土瓶に入れて直接火にかけて煮出していた。少量の茶を時間をかけて煮出すので、この方が安上がりだった。茶はもとは薬で、薬カンの名はそこからきた。

江戸時代には、朝ご飯前にお茶を飲む習慣が定着していたが、煎じ茶が一般的で、煎じ茶を天秤棒に担いで市井を売り歩く振り売りも多かった。十返舎一九の「東海道膝栗毛」に、弥次さん喜多さんが上方に行って、急須を知らずに、尿瓶《しびん》と間違える話が出てくることからも、江戸ではまだ煎じ茶が主流で、茶は土瓶で煎じ、関西では急須で茶を入れていたようだ。急須に茶筒は付き物なので、すでにあったに違いない。

茶筒は、いちいち大きな茶箱から、そのつど茶を出し入れするのは手間がかかり、開け閉めする回数が多いと茶が湿気るので、少量を小さな容器に移して手軽に使えるようになった。茶箱も桐で作られ、内側に渋紙やブリキが張ってある。

茶筒は、名前から分かるように円筒形の丸カンが一般的で、中蓋《ぶた》をして、容器の上から蓋が被さって二重に茶を湿気から守る作りになっている。いい茶筒は蓋を茶筒の口に合わせると、わずかな隙間から中の空気を押し出しながらスーッと下がっていってぴったりと密閉する。また、蓋を開ける際には、中が真空状態に近い状態になっているために、かすかな抵抗感があって、蓋を抜くときにポンッという軽やかな音がする。その一部の歪みもない完成度の高さに職人の技が生きている。

開化堂

京都市下京区河原町六条東入

☎075-351-5788

明治8年に創業された老舗の開化堂では、創業以来一貫した手作りで茶筒を作り続けている。はじめはまぶしいほどの輝きを持つ茶筒だが、使えば使うほどに、まろやかな独特の色つやが出てくる。まさに世界にひとつだけの自分の茶筒を育て上げるという付き合い方がいいだろう。

右上から、ヒノキ、ホウ、シナ。右下、イチョウ、サワラ。材質によってまたは大きさによって値段は異なるが、家庭用で使うのならば、安いもので3000円から、高いものだと１万円ぐらいする。表に魚と野菜の焼印があるのは、魚を切るときは魚の面で、野菜を切るときは野菜の面で、と裏表で使い分けるため。こうすれば食べ物に匂いがつくこともない。焼印がなくとも自分で目印をつければよいだろう。これらの商品は木屋でも取り扱っている（P143参照）。

まな板

まな板

トントンと響くまな板のこぎみよい音が料理を演出

家で料理をするなら、まず包丁が必要で、包丁を使うなら、テーブルや流し台の上で切るわけにいかないから、まな板が絶対に必要になる。包丁とまな板は一セットの調理道具である。

因《ちな》みに、まな板はマナを調理する板のことで、マナは「真菜」と解釈されることもあるが、本来は「真魚」、つまり魚の別称。古くは魚の調理板としての用途に限られていたようだ。

ついでにいうと、まな板は足がついた机のようなものが原型で、江戸時代以降にだんだん小型化してくるが、やはり足がついているのが普通だった。それが、いつしか板状になって普及するが、今日でもまな板のことを一枚、二枚と数えないで、一膳、二膳と数えるのはその名残りだ。また、まな板のことを、ダイ（台）、キリバン（切板）、サイバン（菜板）などと呼んだりする。料理人は、ただイタ（板）と呼び、板場や板前という言葉もそこから出た。

まな板には、イチョウやヒノキ、サワラ、ホウ、シナ、キリ、カツラ、カシワなどが使われる。なかでもイチョウのまな板が最高とされている。イチョウは、神社や寺の境内でよく見かける木で、一億五千年前から地球上に生存している「生きた化石」のような樹木として知られる。丈夫で長命な上に、防火延焼を防ぐ効果もあって、神社や町の街路樹として植えられてきた。

大木になり、秋に扇状の葉が舞い落ちて地面に黄色い毛せんを敷きつめる。イチョウは実のギンナンを拾って食用にし、古木を切ったりすると、いい部分を木取りしてまな板に加工した。

イチョウは材質が均一で、油分があって水に強く、腐りにくい。水はけがよく匂いが残らない。木質そのものは柔らかいので、刃当たりがよく、包丁の刃を傷めないという利点がある。最近、イチョウの葉から抽出される物質が、気管支炎や喘息、脳機能障害、痴呆症の効果があることが分かってきたが、そうした薬効を昔の人たちは経験で知っていたのかもしれない。

ヒノキは「火の木」で木と木を擦り合わせて火を起こしたことからこの名がついた。また古語では「ヒ」は「ヨシ」という意味を持つので「良い木」という意味もあり、古くから良材として尊ばれてきた。

ヒノキは、木質が密で、粘りが強くて狂いが少ない。木肌が白くて艶があってきれいで、水にも強い。香りがよく、匂い移りがしない。ヒノキに含まれる精油成分は殺菌、消炎鎮咳効果があり、匂いを嗅いでいると二日酔いや咳が鎮まるといわれる。

同じヒノキ科のサワラは木質がヒノキより柔らかく、木目がつんで木肌が美しく、粘りがあって水に強い。昔からおひつや桶などに使われてきた。因みにサワラは、木曽産のみを「本サワラ」と呼んで他と区別する。当然、本サワラのまな板は極上品ということになる。

ホウは、山に多い木で、版画や下駄、包丁の柄などに使われる。木質が素直で柔らかく、粘りがあって水に強く反りが出ない。

シナは、樹皮を剥いで繊維を採り、古代布であるシナ織りにした木。根から何本も木が伸び、切っても根元から芽が出て早く成長する。成長が早いので木質が柔らかく、油があって水にも強い。

キリは、目がそろっていて狂いがこない。水を含むと火事にあっても燃えず、中の大切なものが守れることからたんすや高級げたなどの材料に使われる。たんすなどにする材料は、渋を抜き、狂いが出きるまで何カ月も外で雨ざらしにして干してあるように、水に浸けても腐りにくい。木質が柔らかいので、包丁の刃を傷めない。

最近は衛生面からプラスチック製のまな板が多くなっているが、プラスチックは固くて薄刃の包丁を傷める。また、一見衛生的でも、使ったままにしておけば、表面についた傷に雑菌がつく。昔から木のまな板は、使ったあとに塩やクレンザーなどを使ってよく洗い、ぬるま湯をかけて拭きとってから風通しのいいところに木目を立てて干した。

木のまな板は、表面が減ったり傷ついたらカンナで平らに削って薄くなるまで使える。そのたびに美しい木目がよみがえる。

日常の何げない道具であるまな板を大切にする人は、きっと料理が上手で、心が豊かな人だ。

双葉商店

福井県福井市足羽1-26-8
☎0776-36-3796
http://www.jeims.co.jp/futaba

イチョウ材専門店として50年、プロの料理人にも愛用されるまな板を取り扱う。まな板の耐久性は10～15年だが、削り直しにも対応してくれる。福井県の郷土工芸品にも指定。まな板のほか、仕立板、料理用木へら、碁盤、将棋盤などの製品も取り扱っている。

切り出し七輪

七輪は、かつて庶民の暮らしになくてはならない調理道具だった。ちなみに七輪の名の由来は、七厘の値段で買えたからとも、七厘の炭でまかなえたからとも。また、火袋の底の空気孔が七つの穴になっていたからともいう。写真は、切り出し焼き鳥七輪、幅46㎝×奥行20㎝×高さ17㎝、1350円。

だるまカマド

七輪と同じ珪藻土のカマドと釜のセット。薪でも炭でも炊ける。家でも、野外でもご飯が炊ける。オートキャンプに持っていって、旅先で炊いて食べるのもいいかもしれない。自慢の逸品になる。ステンレス網直径28㎝、1枚付。釜6合炊き(3人用)、ふた付き。奥行32㎝×横32㎝×高さ29・5㎝、39800円

切り出し七輪

軽くて丈夫な〝脇田又次の天然切り出しコンロ〟

肉でも魚でも、炭で焼いた方がおいしいのは誰でも知っている。炭はガスや石油と違い、燃焼ガス中の水分が少ない。火力が強く、遠赤外線で中まで火がよく通り、グルタミン酸が多くなって味を引き立てる。

炭のよさは充分わかっているが、現代の住宅事情もあって暮らしのなかから離れていった。だが、七輪という手軽に持ち運びができる調理道具がある。

七輪は少量の炭で強い火力が得られる。戸口を開き、団扇《うちわ》で扇ぐと一〇〇〇度近くまで温度が上がる。だが、その割に外側は熱くならない。耐火、保温性に優れ、火もちがいい。

七輪の優れた特質の秘密は、素材の珪藻土にある。珪藻土というのは、ハネケイソウやツノケイソウ、プランクトンなどの藻類や単細胞生物の膜が珪酸化し、淡水や海水の底に堆積してできた土で、五千年から七千年前の地層から産出する。

七輪には天然物と練り物の二種類がある。一般に天然物は高級品、練り物は安価な普及品。天然物は地下深い地層から角型の塊を切り出し、一個一個手作業で火袋や戸口を彫って作る。練り物は崩した土を練って型にはめて作る。珪藻土は粘度が高い割に多孔質で、塊のまま彫る方が土に含まれた空気の断熱効果で火熾《お》きがよく、火力が強い。その点、練り物は型で圧縮するので気孔が潰れてしまう。

現在、能登半島の先端、珠洲市で天然物の七輪が作られている。地下一〇〇m、奥へ約三〇〇mのトンネルの中で、切り出し職人が一人で黙々と、大きいノミで珪藻土の塊を切り出している。

かつて、どこの家にもあった七輪は、郷愁だけでなく、現代でも充分に機能を発揮する。

丸和工業

石川県珠洲市正院町平床立野部26
☎0768-82-5313
http://www.suzu.co.jp/suzucci/kigyou/maruwa/maruwa.htm

丸型、角型、小判型などサイズも豊富に取り揃えている。電話やファックスでの注文にも応じてくれるほか、紀州備長炭窯元「紀州炭工房」(http://www.sumikobo.net/store_maruwa.html)のホームページから通信販売もできる。

だるまカマド

マンションのベランダでもカマド炊きのご飯が炊ける

カマドで炊いたご飯はおいしい。一度食べてみると、ご飯がこんなに美味しいものだったのかと感激する。上手に炊くと米粒が立つ。粘りがあってふっくらと炊け、ふくよかな甘みがある。どうせ食べるならおいしいご飯。それならだんぜん、カマドである。

だるまカマドは七輪と同じ珪藻土で作られ、耐火性、保温力に優れ、余熱でじっくり料理ができる。

釜は俗にいう羽釜。釜の胴回りに帽子の鍔《つば》のようなひさしがついている。別名、鍔釜ともいう。釜をカマドに乗せると鍔がカマドの縁（穴）にぴったりかかって隙間を塞ぐ。これによって、火がカマドの内にこもり、釜の底全体に火が当たって熱の効率を高める。また、鍔は吹きこぼれが火の上に落ちるのを防ぐ。

木の蓋《ふた》が厚くて重いのも意味がある。蓋が重いと吹きこぼれを防ぎ、粘り気のあるふっくらしたご飯が炊ける。圧力釜と同じ原理。羽釜でご飯を炊くコツは、「はじめチョロチョロ、なかパッパ、ジュウジュウいうとき火を引いて、赤子泣いても蓋とるな」と、昔からの口伝がある。「はじめチョロチョロ」は、徐々に火を当てて全体を熱にならす。性急に強火で炊き始めると、火が不均等に当たってご飯が焦げたり、芯が残ったりする。

「なかパッパ」は火力を上げる。「ジュウジュウ」と釜の中が沸騰している状態で火を弱め、しばらくそのままにして余熱で炊き上げる。「赤子泣いても蓋とるな」は、沸騰してジュウジュウ吹いているときに、蓋を開けて熱を逃がすことなく、余熱でじっくり炊いて蒸らす。釜でご飯を炊く大きな要素は、「煮る」と「蒸す」の複合した調理法ということになる。これさえ分かっていれば、明日から美味しいご飯が炊ける。

丸和工業
石川県珠洲市正院町平床立野部26
☎0768-82-5313
http://www.suzu.co.jp/suzucci/kigyou/maruwa/maruwa.htm

今では古民家などでしか見られなくなってしまったカマドが、手軽に自宅でも野外でも楽しめる。もちろん薪でもOKだが、炊き口を塞ぐパーツをはめこめば炭を使って七輪としても使うことができる。

おろし金

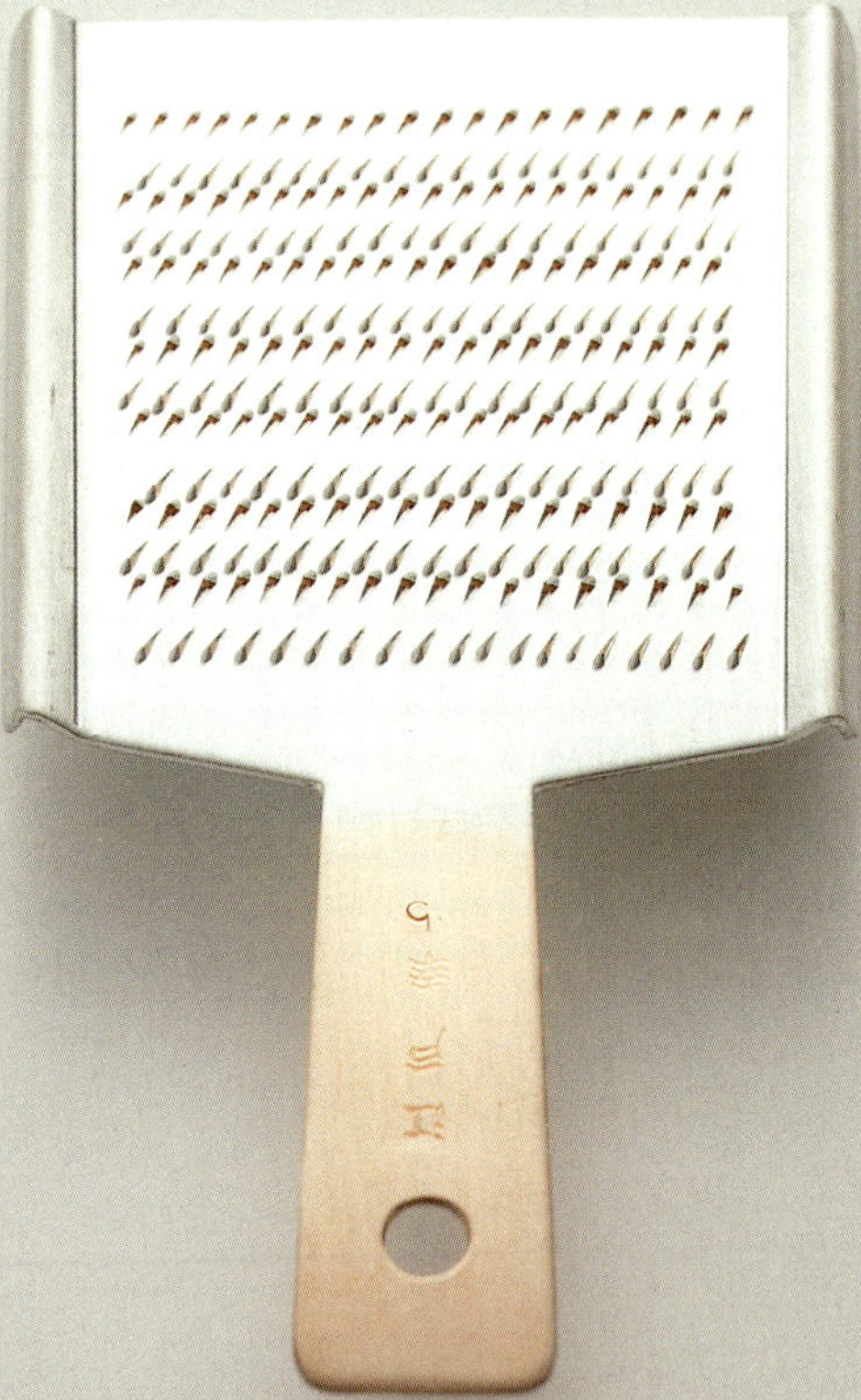

(右ページ)江戸幸の銅おろし金12・5cm×21cm、5000円。家庭用としては、5号の大きさが便利。(左ページ)銅おろし金、卓上用1400円。鋲止め鮫皮おろし魯山、特大8500円。鮫皮おろし長次郎作、大1650円。ホウの木に竹を一本一本打ちつけた鬼おろし3000円(取り扱いは莫蓙九。68ページ参照)。

おろし金

ダイコンは銅や竹でおろし、ワサビは鮫皮でおろす

　ワサビは日本特産の香辛料。この独特の辛さと風味は繊細な味覚感覚を持つ日本人にしかわからないかもしれない。ワサビは、蕎麦や寿司、刺身などにはなくてはならないもので、新鮮な素材の味を引き立てる。とくに天然の、いわゆる本ワサビの辛みは鮮烈だが、鼻にツーンと抜け、辛さの中に特有の香りと甘さ、風味がある。

　ワサビの持ち味は辛さや風味だけではない。優れた薬効がある。ワサビの含まれるアリル芥子油が食欲増進に加えて、でんぷんを分解して消化を助け、腸内でビタミンCの安定剤になる。さらに、抗菌、殺菌、防腐力が強く、魚の生臭みを消し、食中毒を防ぐ。パンや餅などのカビを防ぎ、血栓やガンの予防に威力を発揮する。

　だが、最近は粗悪なワサビ、西洋ワサビやダイコンの絞り汁などが混じっている練りワサビや粉ワサビが出回っている。こういうまがい物は香りも風味もない。強烈な辛さだけが脳天を突き抜け、舌が痺《しび》れ、ネタの味まで壊す。こういうワサビに慣らされると、世界に冠たる日本人の偉大な舌が麻痺し、退化してしまう。ワサビ本来の成分も落ちる。

　ワサビは本ワサビに限る。だが、ワサビの味はおろし方で決まる。ワサビはきめ細かく擦るほど辛味が増す。これは、辛味成分は細胞が壊されることで生成されるためだ。だから、本当に美味しいワサビの味を味わうには、おろし金も選ばなければならない。

　おろし金は銅製のものと鮫皮のものとがある。銅のおろし金は、表面に錫メッキを施した銅板に、熟練した職人がタガネでひと目ひと目鋭い目を切って仕上げてある。手打ちで細かく、鋭い刃が不規則に並び、ワサビを上下させるだけで楽に擦りおろすことができる。繊維に水分がほど良く残ってキメの細かいおろしになる。

　安いおろし金にはステンレスやプラスチック製のものもある。だが、ワサビは厳密には金気を嫌う。熱に

も弱い。ワサビの栽培農家の人たちに聞くと、昔は河原の固い石を割って、その断面で擦りおろしたというくらい神経を使った。しかし、町中ではワサビをおろすのに、わざわざ河原に出かけて石を探してくるわけにはいかない。そこで一般に、ワサビをおろすには、鮫皮のおろし金がいちばんいいとされている。

鮫皮は、古くから「鮫鑢（やすり）」として紙ヤスリに使われてきたように、目が固くて粗い。水や湿気にも強く、濡れても手が滑らないので、刀剣の柄に張ったり、料理人は包丁の柄に巻いて使ったりした。

鮫皮のおろし金は、鮫の皮を反りが出にくいホウの木の板に貼り付け、剥がれないように、錆の出ない真鍮の釘で四方を止めてある。鮫皮は目が細かく、粘りのある、ねっとりとしたワサビに擦れる。

擦りおろし方にもコツがある。昔から、ワサビは「笑いながら擦れ」とか、「のの字を描くようにおろせ」といった。イライラしたり、焦ったりして、力をいれてすると、キメが荒くなり、粘り気も落ちる。ゆったりした気持ちで、力を入れず、円を描くようにして細かく擦れという戒め。

また、ワサビは先の方から擦らないで、葉を切り落としたら、付け根から擦る。ワサビは他の根菜と同じように、茎の方に伸びて成長するため、元の方が繊維が細かく新鮮で、先端の方は粘り気が少なく、固くて黒っぽい。風味も違う。擦るときに切り口に砂糖を少しつけると辛味が増す。

よく包丁の背で叩いたりするが、これは叩くと粘りが出て辛味が増すからで、おろしたての場合は必要ないが、おろして時間がたったときには有効。また、ワサビは金気を嫌うので、金属製のおろし金を使ったら、早く陶磁器の器に移すのが風味を保つコツ。ワサビの特質を知ることと、いいおろし金を選ぶことで、味の奥深さに出合うことができる。

またダイコンをおろすには銅のおろし金が切れ味鋭く、みずみずしいダイコンおろしができる。辛さを出すなら刃の粗い竹のおろし金で擦るとキメの粗い鬼おろしになる。鬼の歯のように粗い刃でダイコンがザクザクおろせる。

江戸幸
東京都葛飾区小菅1-28-8
☎03-3602-1418

ワールドビジョン
岐阜県土岐市土岐津町高山364
☎0572-55-3969
http://www.world-v.com/index.html

江戸幸の職人・勅使河原さんのおろし金は、目が鋭く切れ味がよいため、みずみずしいダイコンおろしができると評判。銅製のおろし金は、切れ味が鈍ると目をふせ、新たに目立てができるので長年にわたり使用が可能だ。また、鋲止め鮫皮おろしは、ワールドビジョンの右記ホームページから購入できる。

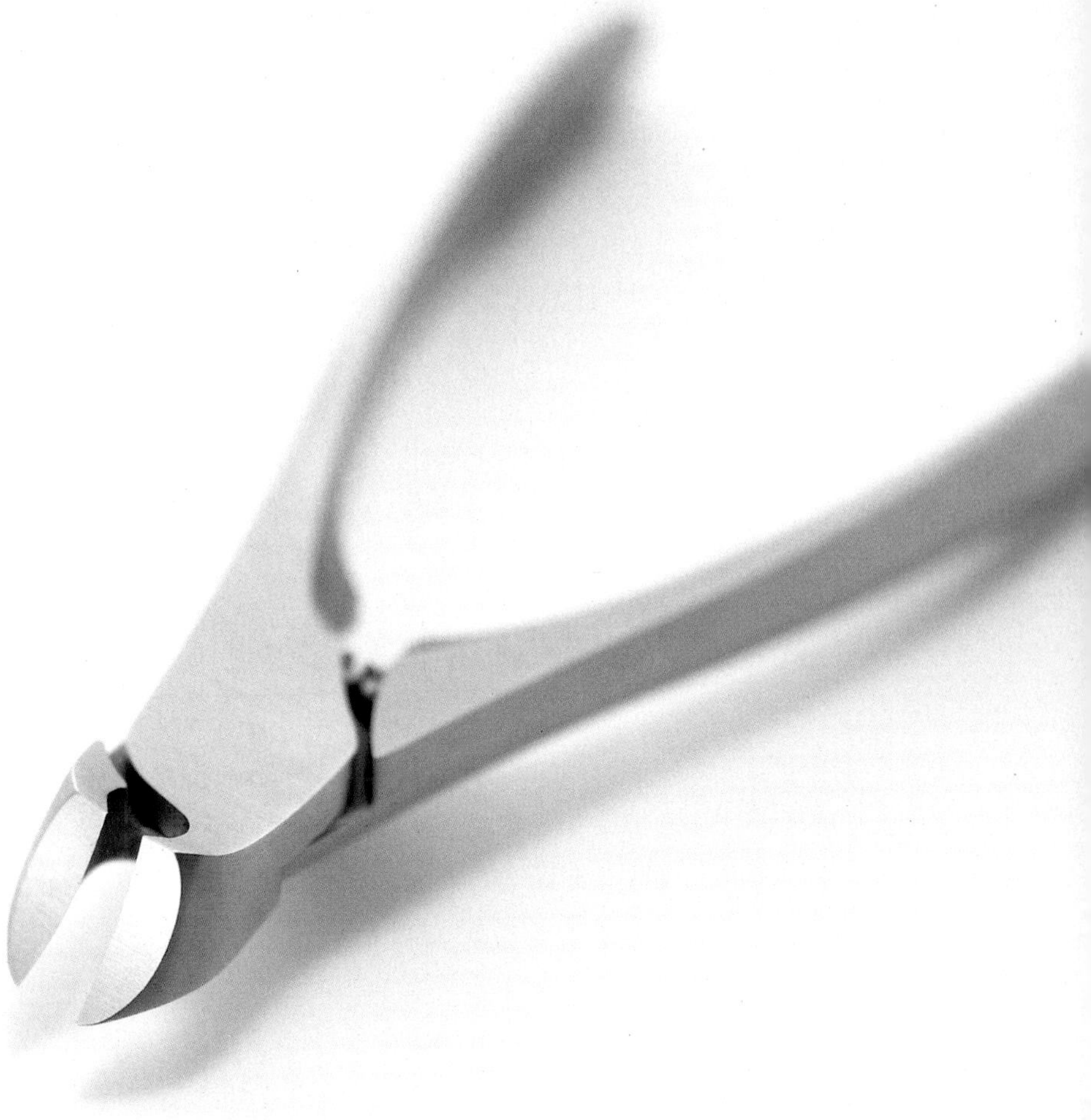

爪切り

伝統的な鍛冶職人の技術によって美しく磨き上げられた諏訪田製作所の爪切り。高級カスタムナイフ用のステンレス鋼材を使った「クラシック」4800円。そのほかミラー、ブラック、レディ、ベビーソフトなど各種取りそろえている。グッドデザイン賞も受賞したハイグレードな逸品。

毛抜き

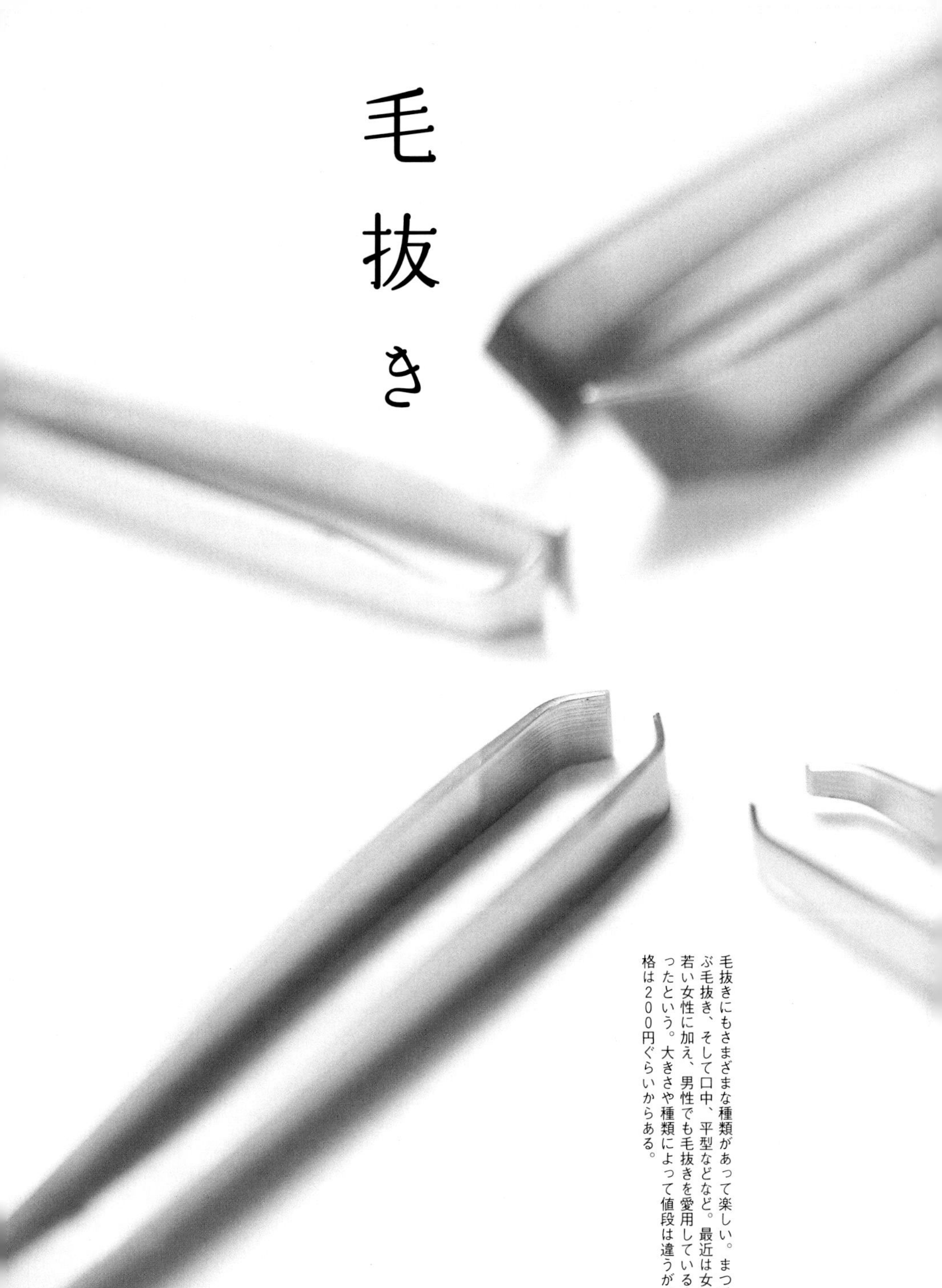

毛抜きにもさまざまな種類があって楽しい。まつ毛抜きやうぶ毛抜き、そして口中、平型などなど。最近は女子高生など若い女性に加え、男性でも毛抜きを愛用している人が多くなったという。大きさや種類によって値段は違うが、小売り価格は２００円ぐらいからある。

爪切り

プロのネイルアーティストも認めたスーパー爪切り

爪は女の顔である。男の顔でもあるが、とくに女性の性格や教養、職業などが爪にもろに出る。爪の切り方、手入れの仕方でその女性の人格形成がある程度推理できる。

また爪を切るというのは、ある意味で、野生を去勢する行為でもある。実際、太古においては、指の先の爪は自分の身を守り、相手を攻撃する武器になった。文明社会の現代でも、爪を武器にする女性がいる。一方、実生活では長く伸ばした爪では仕事がやりにくい。ものをつかんだり、細かい作業をするには、ほどほどの爪の長さに切り整えなければならない。

いずれにしても、爪は放っておけばつるのように伸びていくもので、日常の生活をこなしていくためには切って、手入れをしなければならない。最近は、美容室やネイル・ショップなどで、手入れをしてもらうようになったが、日ごろの手入れも心がけなければならない。そのために、爪切りという道具がある。

新潟県栄町の諏訪田製作所では、三条の伝統的な鍛冶屋の技術をいかして、プロ使用のハイグレードな爪切りを作っている。素材は高級ナイフ用のステンレス鋼。切れ味がよく、刃の消耗が少ない。表面が鏡のように磨き上げられ、刃の裏面の隅々まで磨いてあるので、よく切れる。刃がカーブしたフォルムが美しく、爪の形にフィットし、巻き爪やささくれの処理も楽にできる。赤ん坊や女性の柔らかい肌を傷つけない

いい爪切りは、手にフィットして扱いやすく、切れ味鋭い刃が爪にスッと食いこんで切れ、切った爪が飛ばない。昔の人は「夜、爪を切るな」といったが、そんな素朴な戒めも、細やかな気配りで解消している。まさに職人の技だ。

諏訪田製作所

新潟県南蒲原郡栄町大字高安寺1332
☎0256-45-6111
http://www.suwada.co.jp/

創業は大正15年。もともと針金などを切る道具「食切」をヒントに爪切りを考案。その後もさらに使いやすい商品をという職人気質で商品開発をしている。この爪切りのファンは多い。また、刃研ぎ、調整、バネなどの部品交換などアフターケアも行き届いている。

毛抜き

毛が欲しい人もいれば、抜きたい人もいる

人によって必要のない毛がムダ毛ということになる。毛が欲しい人もあれば、毛を抜きたい人がある。人生いろいろである。そうした人たちの切なる願望に答えるべく、毛抜きという道具がある。毛抜き作業を助けようという、職人がいる。

毛抜きは繊細な道具である。太い剛毛でも、細い産毛《うぶ》でも刃先でしっかり挟《はさ》んで引き抜く。そのスッと毛が抜ける瞬間が快感だという人もいる。事実、出来のわるい毛抜きで毛を抜くと痛くて涙を流す。うまく挟めなかったり、毛が切れてしまったりする。当然、身体の個所によって生え方や毛質が違う毛を、気持ちよく抜くためにはそれぞれの用途に適した毛抜きが必要になる。

実際に、毛抜きにはいろんな種類、形がある。産毛抜き、睫《まつ》毛抜き、口中毛抜きに骨抜き。刃先の形も、平型や広口、斜刃、束（あずま）型、西型などがある。一般に産毛抜きは刃先が広いが、睫毛抜きは細くなっている。口中毛抜きは刃の一方が尖がっている。

その口中毛抜きとは何か。口に中に毛が生える特異体質の人がいるのかと思ったら、刃の間に挟《はさ》まったものを取ったり、歯石を削ったりするらしい。また、骨抜きの東型はつかみ手の部分がストレートだが、西型はくの字型に折れている。毛抜きも奥が深い。

毛抜きの良し悪しは、刃の合わせと支点となるバネの部分に集約される。刃の合わせが鋭敏すぎると挟んだときに毛が切れてしまう。いい毛抜きは刃の角がかすかに落としてある。バネも強すぎても弱すぎても余分の力が入って使いづらい。軽い力でスッと挟めるものがいい。たかが毛抜き、されど毛抜き。いかにも人間的な道具ではある。

オヤナギ正好製作所

新潟県三条市東三条2-22-21-1

☎0256-38-3991

「美粧」ブランドの名で知られる毛抜きから、料理用の骨抜き、医療用のピンセットなど細かいものをつまむ道具を作る専門店。もともとは、一本一本手作りで作ってきたが、いまではオートメーション化によって大量生産できるようになった。

握りばさみ

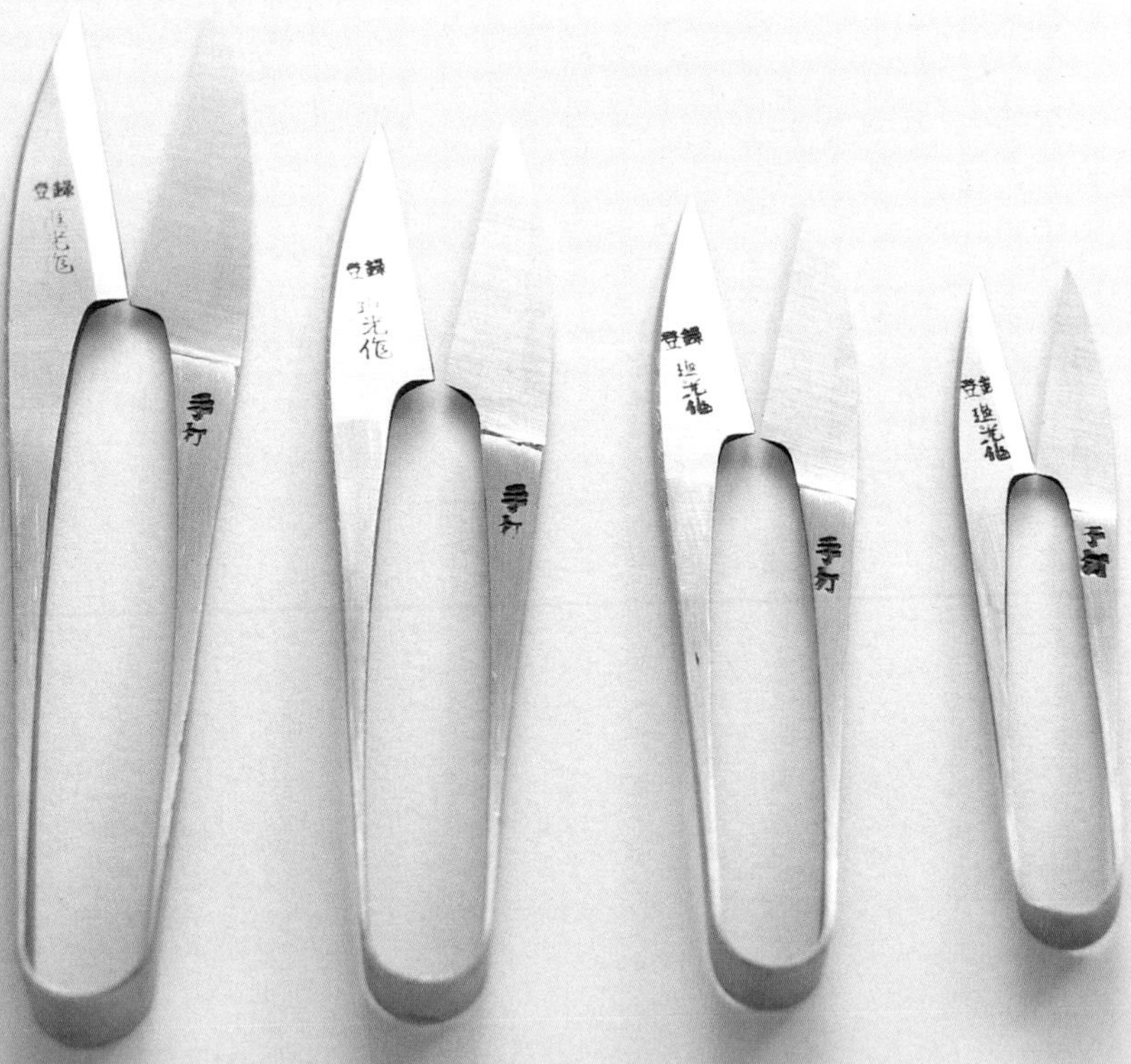

握りばさみは別名、和ばさみとも呼ばれているが、もともとの起源は西洋であったともいわれている。ひと口に握りばさみといっても和裁だけでなく、それぞれの用途ごとにさまざまな形がある。和裁用をはじめ、和菓子用、盆栽用、漁師用などなど。火造りで手打ちで作られたものが最も良く、合わせが狂わずいつまでも切れる。今では兵庫県小野市と新潟県三条市のみで作られている。価格は、手打ちものだと小さいものでも1500円ぐらいはする。

握りばさみ

舌切りスズメもこれで切られた伝統の和ばさみ

縫い仕事は、ゆっくりとした時間の中で、穏やかに楽しむものだから、使うはさみが大切な要素になる。裁縫、刺し子、刺繍など、縫い物にはよく切れ、手になじんで使い勝手のいいはさみは必需品。

いいはさみは、軽い力でシャリッと刃が擦り合わさって、布が気持ちよく切れ、切り口がほつれない。細い糸も刃先でプツンと切れて、きれいに仕上がる。だが、切れないはさみだと、布が刃の間にはさまってよじれてしまったり、何度もチョキチョキやっているうちに切り口が汚くなってしまう。糸の先が毛羽立ってしまったりする。仕事が進まないし、イライラして精神上よくない。

また、はさみには相性があって、手になじむものと、妙にしっくりこないものがある。とくに、握りばさみは手のひらに握って、細やかな作業をする繊細な道具だから、微妙な差が相性の良し悪しに影響する。

握りばさみは、刃の角度や微妙な擦り合わせ加減、U字型に曲げた腰の厚みとバネの強弱で使い勝手に差が出る。支点が腰のバネの位置、力点が握りの指先の位置、作用点が刃先にあって、細かい作業がしやすい。押す力だけで切れ、力を抜くとバネで刃が戻るので、いつでも切る状態になっている。

また、ラシャ切りなど洋ばさみは、二枚の刃を合わせ、中心でねじ止めしてあって、刃がクロスするねじの部分が支点、握りが力点、刃が作用点になる。切るのと刃を開くときの両方に力が要る。洋ばさみは大きな裁断に向き、握りばさみは細かい裁ち物に向く。

握りばさみは、熟練した職人によって一本一本手作りされる。そこには日本の伝統的な刃物の鍛造の技が生かされている。作業は地金と刃金の鍛接から中延、焼き入れ、曲物まで火作りされ、研ぎの仕上げまで一四工程におよぶ。明かりの射さない暗い鍛冶場で、職人が火と向き合いながら、前屈みの姿勢で鎚を打ち続ける。踊るようなリズムと無駄のない手さばきから、鉄が変幻自在に操られてはさみが次々に出来上がっていく。叩き上げられた職人の鮮やかな手技にただ圧倒される。

はさみには表と裏があり、切れ味は裏の研ぎ方で決まる。裏研ぎは研ぎ目が細かく、刃先までそろうように研ぎ出す。刃付けの角度は切る布や糸によって異なる。薄い布や糸を切る場合は角度が寝かせて鋭敏にしてあり、厚い布や太い糸を切る場合は刃が立ててある。

さらに、刃の擦り合わせの加減で切れ味が変わる。よく切れるはさみは、元の方で〇・三㎜、刃先の部分では〇・〇一㎜くらいの隙間しかない。また、切り終わったときに重ね合わさった刃先の開き幅を「切り落とし」といい、三㎜の幅が基本になる。切り落としが大きいと、握っている手に当たって怪我をする危険がある。最近は刃が出ないようにストッパーが付いているはさみもある。

また、腰が厚く、バネが強いと余分な力が必要で、長時間の仕事だと手に負担がかかるし、細かい作業に向かない。逆に腰が弱くてバネが弱いと無理な力が入り、はさみが不安定になってやりづらい。いいはさみは刃の作りやバネのバランスがしっかりできている。

握りばさみの種類は数十種もある。盛道型は大型で、裁ちばさみの原型。童話の舌切り雀が舌を切られるのはこのはさみ。関東型と呼ばれる一般的な守町型、関西型の瓜型、先丸型、長刃型などのほかに、刺繍用の反りばさみや端切れ型など数が多い。さらに、漁師が網の修理に使う網切り、京の和菓子職人が茶席用の菓子に花びらなどを細工するのに、二丁一組で使う菓子切り反り長刃ばさみなどもある。橋の欄干《らんかん》の烏帽子の形に似た京型は、舞子さんが客の爪切りに使うほか、護身用に身につけていた。

握りはさみは、繊細な手仕事を大切にしてきた日本人の感性が生み出した道具だ。

はさみを長く使うには手入れが大切だが、握りばさみの刃を研ぐのは素人には難しい。研ぐと逆に切れなくなったりする。だが職人に聞くとじつは簡単だという。はさみを強く握って、刃を外側に出してひもなどで縛り、刃の表側だけを研ぐ。すると刃の裏側にめくれたバリが出る。それをそのままにし、ひもを解いて二、三回チョキチョキと刃を擦り合わせるとバリが取れる。それだけで切れ味が戻る。

進光鋏製作所

新潟県三条市八幡町5-27
☎0256-32-5086

P102でも紹介した進光鋏製作所の職人・外山さんの手によって作り出される握りばさみは、しっかりと鍛造された本物の和ばさみだ。購入は、P110で紹介した、上越新幹線燕三条駅近くの県央地場産業振興センター（☎0256-32-2311）がお買い得だ。

ものさし

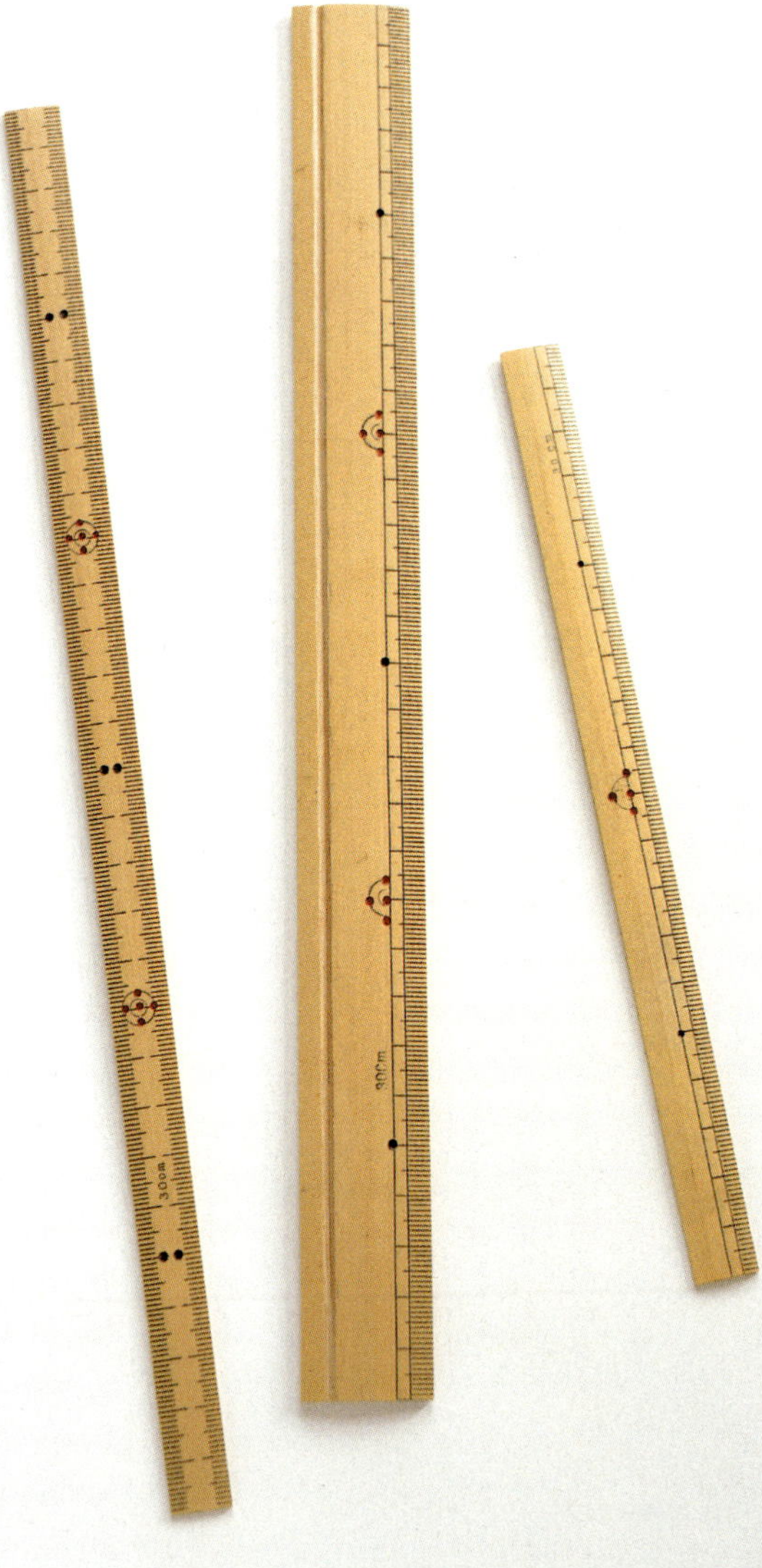

20㎝～2m（特注品含む）まで特注品を含めると数えきれないほどの種類がある。180円～4500円で「鯨尺」や「金尺」という寸法は竹尺にしかない。また、和裁、建築にはなくてはならないことから、今でも需要は多い。都内の小学校では、今でも竹尺を使っているところがあるという。何だかちょっとうれしい。

針

最近では、キルト作家やパッチワーク教室でも糸が通しやすく、縫いやすい「みすや針」が使われているという。いいものには和洋問わず人気が集まるということだろう。縫針一包（25本入り）400円、日本刺繍針1000円〜、洋裁用待針（100本入り）600円、和裁用待針（40本入り）400円。

針

人間の営みとともに伝わってきた小さな裁縫道具

針といえば、小学生のときに家庭科で習った運針を思い出す。うまく進んでいるかと思えば、針先に繊維が引っかかって布がつれたりしたものだ。そんな思い出は遠く、裁縫をやっている人を除いては針をもつのはボタン付けのときがせいぜいで、日常でこの技？　を使うことはない。

針とひとくちにいっても、ぬい針、まち針、刺繍針、ミシン針といろいろとあるが、この歴史は縄文時代にまでさかのぼり、当時は動物の骨を裁縫針としていたという。そして現在使われているような針が中国から日本に伝わったのが飛鳥・奈良時代。江戸時代になると、縫針師、針磨などと呼ばれて京を中心に針の生産が行なわれていた。

ほんの小さな裁縫道具にすぎないが、針は人間の歴史とともに伝わってきた道具であることがわかる。

布と布をつなぎあわせる。この単純な作業には針の良し悪しがじつは大切なのである。

布は縦糸と横糸の無数の重なりでできているが、できのいい針であれば、縦糸と横糸の隙間をするりと通り抜ける。これは、針先に微妙に丸みがつけてあるため。ここがうまく作られていないと、繊維の中を針が通ってしまい、糸がつってしまう。とすると、小学校で使った針はできの悪いものだったのだろうか……。それはともかく、針は鋭利であればよいというものではないらしい。さらに、針先は細く、堅さと粘りがあって、糸切れしにくく、糸通りも滑らかなのがいい針の条件である。趣味の世界ではハワイアンキルトや刺し子などが根強い人気を保っている。これは黙々と針を動かすことで心が鎮まり、私たちに静かなときとやすらぎを与えるからなのだろうか。

福井みすや針

京都市中京区三条通河原町西入ル
☎075-221-2825
http://www.misuyabari.jp/

創業400年になる針の老舗。京都御所に針を納めていた。献上用の針を作るときには、仕事場に御簾（みす）をはりめぐらしたことから、「みすや」の屋号を後西天皇より与えられた。店舗のほかにギャラリーもあり、展覧会などが行なわれている

ものさし

職人の世界で活躍。正確さを誇るものさし・竹尺

尺貫法という日本の伝統的な度量衡は、平成の今となっては暮らしのなかではほとんど耳にすることはなくなった。それとともに、昔はどこの家にも部屋の隅に転がっていて、子どものしつけの道具としても定番だった竹尺も姿を消しつつある。

そもそも、ものさしという正確さが求められる道具に竹が選ばれたのは、加工しやすいこと、温度による伸縮がなく湿度にも強いことなどからである。竹という素材を改めて考えてみると、物干し、梯子、箒《ほうき》、背負いかご、箕《み》、竿、びく、台所道具のざる類からこまごまとしたものまで、いろいろと加工されて使われてきた。竹は、私たちの暮らしになくてはならない素材だったわけだ。

そして今でも竹尺がなくては始まらないのは、和裁の世界だ。和裁には独特の寸法「鯨尺」を使う。そして建築の世界でも「金尺」という特殊な寸法が使われている。このようにいろいろな寸法が残っているのは、江戸時代に幕府が行なった「かさ」や「目方」の統制を「長さ」は受けなかったために、いくつかの寸法が出回るようになったためである。その名残としていまだに職人たちの間では独特の文化として受け継がれているわけだ。

私たちが普段使っているメジャーは、ちょっとひっぱれば伸びてしまうし、金属性のものはくねくね折れて使いにくい。プラスチック製定規は、裁縫に使おうものならアイロンに溶かされかねない。そう考えると、長いものになると手を焼くが、30～50センチ程度の竹尺なら、使い勝手のいい道具としてまだまだ出番があるのでないだろうか。

それにしても、いまだに「尺ものが釣れた！」と尺貫法で喜ぶ釣り人の世界は、摩訶不思議。

岡根製作所

滋賀県甲賀郡竜法師712
☎0748-86-2240
http://www.shigasci.com/navi/15/15take.html

現在2代目になるご主人と数人の職人さんで全国からの注文に応じている。竹は自然のものなのでゆがみや曲がりの調整が難しいという。竹尺一筋の品質の高さゆえ、各地のものさしメーカーから注文もあるほど。竹尺を手作りしているのは、全国でここだけになった。

目のよくなる洗面器

銅イオンの特殊な効果で水を浄化する。殺菌。雑菌の心配が少ないので、肌を清潔に保ち、眼病の予防にも効果がある。コレで毎日顔を洗えば目もよくなり、さらに美しくなるならば、このぐらいの贅沢はいいでしょ。直径320㎜、高さ85㎜。小売り価格5000円。コレで銭湯に行けばあなたはヒーロー。

魔法のおなべ

ステンレスの外面が美しいビタクラフト。そしてこの美しさの元でもある加工精度の高さが、調理時に本体とフタの間に薄い水蒸気膜を作り、無水調理を可能にする。多重構造なべというように、ステンレスとアルミニウムの7～9層構造（バリエーションによる）で、熱伝導と保温性を両立し、高い調理性能を発揮する。修理やメンテナンスなどのアフターケアもばっちり。

目のよくなる洗面器

顔を洗うだけで美しくなる銅製の洗面器

洗面器というものを見なくなって久しい。確かに今日では、朝晩顔を洗うのに洗面器を使う人はほとんどいなくなった。洗面器という名前すら死語に近くなっている。

洗面器が家庭から消えていった理由のひとつは、水道の普及にある。かつて、一般家庭に水道が入る前は、井戸や家から離れた清水などの共同の水場から、水を桶やバケツで家の台所に運んできて使っていた。水は貴重で、無駄には使えなかった。洗顔するにも、使う分だけの水を洗面器に汲んで洗った。また、冬などには、夜に使った湯たんぽの水を洗面器にあけて洗ったりした。

昔は、水が貴重だった反面、水が病原菌に汚染されることを極度に恐れた。共同の水場や井戸が汚染されてしまうと、病気やもっとも怖い伝染病が地域全体に広がる恐れがある。そのために水場には水神さまを祀り、水の管理に気を配った。

日常の暮らしで、銅の鍋ややかんでお湯を沸かしたりするのも、水の衛生に対する心構えのひとつ。銅イオンには殺菌力があり、水を入れておくと浄化されてきれいになる。また、銅は熱伝導率が高いので、少しのお湯で水が温かくなるので冬は便利。水が柔らかくなる。昔の人の知恵だが、いまのカルキ臭い水道水にも充分使える

新潟県燕市では、いまも銅の洗面器を作っている。オーソドックスな洗面器の形で、丹念に磨き上げられた銅の肌が美しい。銅イオンの効果を妨げないように表面加工がしてない。銅は使っていると黒っぽく変色するが、スチールたわしや磨き粉、中性洗剤で磨いて水分を拭きとっておくと、長くきれいに使える。ちょっと高価だが、日頃の健康管理と、使い勝手の贅が楽しめる。

新光金属

新潟県燕市杣木1961-16
☎0256-63-5481
http://www.d3.dion.ne.jp/~sinkoudo/

地球上で人類が初めて手にした金属は銅だった。というように、銅製品に対してこだわりを持ったメーカーである。洗面器のほかにもなべ、フライパンなどの台所用品、湯たんぽなど、銅の抗菌性と熱伝導率のよさをいかした道具作りを行なっている。

魔法のおなべ

料理が素早くおいしく経済的にできる魔法のなべ

野菜をしっかり食べたい。できれば、素早く簡単に。そう思う僕の日常に欠かせないのが多重構造なべ。定番は葉野菜の蒸し焼き。なべを空のまま1分少々予熱している間に冷蔵庫から小松菜等を出して洗って切って、なべに放りこんだら1、2分待つだけ。その間に冷蔵庫から漬け物と作り置きのイワシのマリネなど取り出して並べれば、簡単で栄養バランスもよい昼ご飯のできあがり。味付けは醤油か塩、オリーブオイルを振っても当然絶品。シンプルこのうえないけれど、新鮮な野菜を最小の加熱と味付けで食べるのだから、素材の濃厚な味が口いっぱいに広がって、やみつきになる。

このなべに出会うまでは、もっぱら葉野菜は蒸して食べていた。手なべに多少のお湯を沸かして、蒸し器をのせる手間が加わるだけなのだが、多重構造なべは本体ひとつで済むうえに、水分と熱で奪われる栄養分も残りやすいという。また炭火焼きのようにジワリとした熱だから根野菜も肉もおいしく調理できる。ニンジンなんか甘味が冴えわたってホントにうまい。さらに熱効率がいいから、煮こみなんかは先に加熱してガス台から下ろしておけば、他の料理をしている小一時間に余熱でちょうどよい具合に煮えている。さらにさらにオーブン調理が可能なのでケーキやローストビーフなんかもできる。

この多用な便利さ、どこか欧米の田舎の薪ストーブに似ている。鉄の塊の薪ストーブは、一日中使えるコンロとして、余熱台として、オーブンとして、田園での家族の暖と飲食をこの100年以上支えてきた。残念ながら今、僕たちが薪ストーブや炭火を日常的に使うことは難しい。だけど多重構造なべがその一旦を担ってくれている。よかった。♣

ビタクラフトジャパン株式会社
兵庫県神戸市中央区海岸通8番神港ビル
☎0120-04-3300
http://www.vitacraft.gr.jp

最近は多重構造なべも色々なメーカーから出ているが、品質が優れていて手に入りやすいのはダントツでビタクラフト。多種多様なバリエーションがあるが、手なべとフライパンがおすすめ。定価2万0000円から。10年間保証の耐久性と、熱効率のよさに大満足。

たわし

上３つは左から棒たわし特大１５００円、中１０００円、小７００円。それぞれフライパン洗い、シミ落とし、おろし金を洗うのに最適。棕櫚の亀の子たわしは。ひとつ２００円からある。いずれも洗剤を使わない竹製品、木製品を洗うときにごしごしとやるときれいになって気持ちがいい。

たわし

「亀の子」に代表される天然素材のもの洗い道具

根野菜の泥落とし、ざる、おひつなどの木製品の後始末にと、天然素材のたわしは台所仕事のいろいろな場面で登場する道具である。現在では、食器洗いの役目はナイロンたわしにとってかわられたとはいえ、炊事場にはなくてはならない存在だ。

たわしは「束子（たばし）」のことで、藁や棕櫚、萱や樹皮を束ねて使ったことからこう呼ばれるようになった。私たちの誰もが知るたわしといえば、「亀の子たわし」だ。これは、明治41年に西尾正左衛門によって考案されたものである。2本の針金に椰子や棕櫚の毛をよじり合わせ、U字型に針金をまげて楕円形にした簡単な作りだが、現在までおよそ100年近くも使い続けられているロングセラーである。

これに先立ち、たわしが商品化されたのは、「亀の子」以前の江戸中期以降のことだった。もともとたわしはそれぞれの家で作って使うものだったのが、武家の使用人たちがたわし作りを手がけるようになって、商品として広まっていったのである。

もう少し日本の炊事場事情をさかのぼって、たわしの足跡をたどってみよう。たわしの歴史は料理の歴史とも無関係ではないようだ。日本料理が生まれたのは室町時代。それまではご馳走といっても土器に刺身や干物が盛られていただけだったという。これらはおよそ料理といえるものではなく、汚れた土器を洗うにしてもさっと洗い流すだけだったはずだ。つまり、鎌倉時代にはまだたわしは重要な道具ではなかったといえる。

そして、室町時代になりさまざまな料理が生まれてからは、新しい台所道具や陶磁器が使われるようになり、炊事場や井戸端の必需品として、たわしは市民権を得たのである。

現代になってからのたわしの代名詞「亀の子たわし」の出番は、洗剤を使いたくない台所道具を洗うときに多い。はじめに書いたようにざるや木製品はもちろんのこと、鉄鍋やフライパン洗いには欠かせない。鉄製の中華鍋には、ササラという竹で作った「たわし」を使うといい。これで、中華料理につきものの油も不思議ときれいにとれる。天然素材のものを洗うには、天然素材でできた道具を使うといいのである。

ところで、いつからだろうか、「たわし」は、「スポンジ」と呼ばれるようになった気がする。道具そのものの名前が「食器洗いの道具」を意味しているわけである。とすると、ふきん状のものを使っている人は「ふきん」とか「クロス」とかいうのだろうか。そんな呼び方はいまのところきいたことはないが、これからも「たわし」の名前は変わっていくのかもしれない。そう考えると、「たわし」は進化している、と思えてくる。

というのは、ここ5、6年の間に新しい「もの洗い道具」がいくつか登場しているからだ。

平成の時代にあって、環境問題は避けて通れない問題である。炊事場にもそれは大きな影響を与え、水を汚さないための工夫が、洗剤やたわしにもなされるようになった。

ひとつは数年前から主婦の間でじんわりとブームになっているアクリルの毛糸で編んだたわしである。今でもインターネットなどで紹介、販売されているが、価格が安いためか通常の雑貨店などでは販売していないようだ。これは、洗剤を使わなくても汚れが落ちるのが特徴。よほどひどい油汚れでなければ、たいていはきれいになる。油まみれの食器でも、洗う前に汚れ落としやボロ布などでふき取っておけば問題ない。

もうひとつは、魔法のスポンジと呼ばれるメラミンフォーム製のものだ。これは、流しやレンジの汚れ、ステンレスのくもり、茶渋などの汚れがするりと取れる優れものである。これも水をつけて軽くこするだけで洗剤がいらないため、水を汚すことがない。

こう見ていくと、台所道具というのは、時代とともに消えてしまうものと、形を変えていくものとあることがわかる。蒸し器は電子レンジに、焙烙《ほうろく》はオーブントースターやホットプレート、火鉢は移動コンロという具合に。しかし亀の子たわしは、その原型がいまも支持されつつ、一方まったく違う「もの洗い」も次々と生まれている。これは、「亀の子」を含めた天然素材のたわしがすぐれた道具であるという証明ではないだろうか。

内藤利喜松商店

京都市中京区三条大橋西詰

☎075-221-3018

http://www.m21.or.jp/fame/old/backissue/9811bi/ik-2.html

江戸時代中期、文政元年創業。たわしが商品として売られるようになったのと時を同じくして、棕櫚ぼうやたわし、刷毛類の販売を始める。お化粧に使える「友禅刷込刷毛」などもある。京都らしいのんびりとした雰囲気の店である。

ほうき

左から江戸手ぼうき５０００円、棕櫚ぼうき６５００円（内藤利喜松商店）、江戸小ぼうき１３００円。素材の種類、サイズや形状により数百円から数万円まである。長柄か手ぼうきか。柔らかいものか硬いものか。試してみて使いやすいと思ったものが、その人に合ったほうきなのだ。

ほうき

手軽にシンプルに掃除を楽しんでみる

住空間が多様になったことで、驚くほどたくさんの掃除道具がちまたにあふれている。掃除機ひとつとっても、吸い口には部屋の角や狭い場所用、カーペット用、壁などの平面用ブラシなど幾種類かある。そのほかに粘着テープがついたローラー式の汚れとり、ゴム製や使い捨てシートをつけるモップなど、新製品の開発もとどまるところを知らない。これも日本人の清潔好きのあらわれなのだろうが、掃除道具だけで納戸がいっぱいになってしまいそうである。

昭和の初めは、どこの家でもはたきでほこりを落とし、ほうきで床を掃き、ぞうきんがけをした。ちりとりを入れてもたった4つの道具で事足りていたのである。なんともシンプルだ。

一方、現代の掃除法は、いくつかのノズルを変えて掃除機を使い終わったら、粘着テープで髪の毛など小さなゴミをとりのぞき、フローリングの部屋はモップを出してふくというわずらわしさがある。しかも、今の掃除方法というのは電気を使い、粘着テープやモップのシートも使い捨てと、環境面から考えても時代に逆行しているような気がする。

昔の家のように掃き出し窓がない、窓があってもほこりを掃き出すとサッシのレールにほこりが引っかかる。となると、家の中でちりとりを使って集めなければければならない。それは面倒だというのも事実である。そもそもほうきでカーペットのちりなどはとれるのか、という実用面での疑問もあるだろう。しかし、ほうきは意外にも実力がある。カーペットのちりをかき出し、フローリングの板と板の間のちりをきれいに取り除いてくれる。ましてや畳においては、これに勝るものなし、である。

また、畳は毎日のように掃除機をかけていると、い草が毛羽立ち傷みが早くなるが、ほうきで掃いていればそれだけで畳のつやがよくなる。どこかでうすいあめ色に光った畳を見たことはないだろうか。あれは、ほうき草の成分が畳の表面を覆ったために保護されてつるつるになっているのだそうだ。

さて、ひとくちにほうきといってもいくつかの種類がある。栃木の鹿沼ほうき、都賀ほうき、岩手の南部ほうきなどが、現在もわずかながら生産されている。鹿沼と都賀はほうき草と竹の接続部分がハマグリ型をしているのが特徴だ。南部ほうきは穂先の縮れが強く、ほかのものよりもほこりをかき出す力が強いという。

そして、ここで紹介する江戸ほうきには柄の長い長ぼうきと手ぼうき、小ぼうきがある。使い勝手は長ぼうきのほうがいいが、収納の面で手ぼうきが現代生活には合っているだろう。ほかにも竹ぼうき、万年ぼうき（パームヤシ）等があり、昔は使う場所によって、用途に合わせたほうきを選んでいたのである。

現代ではほうきといえばほうき草を使ったものをさすことが多いが、もともとはほうきといえば棕櫚《しゅろ》ぼうきだった。棕櫚はやわらかいために床にやさしく、ほこりがたちにくいのがいい。ただ、素材がやわらかいために、力を入れすぎるとクセがついてしまう場合がある。また、汚れたら洗うことができるのは棕櫚ぼうきの長所だ。

さて、ほうきを手に入れたなら、長持ちさせるように大切に使いたい。保管するときは、吊るしておく。穂先を下に床に置くとクセがついてしまうので、あくまで空中に。もし穂先がはねてしまったら、霧吹きで多目に水気を含ませてから吊るしておく。材質がいいものだったら、それで自然に戻るそうだ。安いものだとそのまま直らない場合もある。また、ほうき草の場合、使用前に塩水につけるといいといわれているが、これは輸入ほうき草をやわらかくする場合にのみ効力のあること。国産と輸入ものは微妙に色が違うだけなので、お店で確認したほうがいいだろう。

購入する場合は必ず試し掃きをするといい。柔らかめがいいと思うか硬めの掃き心地がいいと思うかは人それぞれだが、いいものは掃き心地ですぐわかる。

小ぼうきならテーブル上のパン屑を払うとき、洋服ブラシとして、ちょっと部屋の隅のほこりをとるとき、手が届く範囲ならはたきの代わりになる。手元に置いていろいろ使ってみると、なかなか手軽で便利な道具というのがわかるだろう。

白木屋傳兵衛

東京都中央区京橋3-9-8白伝ビル1階
☎0120-375-389
http://www20.u-page.so-net.ne.jp/rd6/edohouki/

創業天保元年（1830年）創業の江戸ぼうきの老舗。現在は3人の職人を抱え、江戸ぼうきをはじめとして、棕櫚ぼうき、はりみ（紙製ちりとり）なども作っている。「伝統を伝えていくことが大切」と次期ご主人の7代目。
内藤商店はP177を参照。

ブラシ

左ページ、左から豚毛の洋服ブラシ6000円、モンゴルの馬毛のフェイスブラシ1800円、馬毛のボディブラシ3500円、左に同じ。右ページ、馬毛のボディブラシS型大3000円。ひとつひとつすべてが手作業から生まれた。使い続けてこそ、そのよさがわかる。

純馬毛製
ボディブラシ

ブラシ

ナイロン製とは格が違う天然毛ブラシ

「ブラシ」を辞書でひくと、「刷毛」と記されている。ブラシの起源を探そうとすると、どうしても刷毛にいきあたるのは、まだまだブラシの歴史が浅いことを物語っている。しかもブラシの始まりは工業用のものであり、私たちの生活のなかでごく当たり前にブラシが使われるようになったのは、ごくごく近代になってからのことなのである。

生活道具としてのブラシが登場したころは、ヘアブラシなども天然毛で作られていた。しかし、急速に経済発展していく中で、その座は価格の安いナイロンブラシにとってかわられてしまい、天然毛のブラシが脚光をあびた期間は非常に短かったといえる。とはいえ、本物志向の風潮のなかで、今また少しずつ天然毛のブラシが見直されつつあるようだ。

それでは、天然毛で作られたブラシはどんな風にいいのだろうか。もっとも顕著によさを感じられるのは、身体に直接触れるボディブラシやヘアブラシだ。ナイロンなどで作られたブラシと、正直なところ使用感にそれほど差は感じない。しかし、ナイロン製ブラシは、見えないけれど地肌に小さな傷をつけているのである。天然毛なら皮膚を傷つけることなく血行を促すことができる。血行がよくなれば肌も美しくなり、張りも出てくる。天然毛ブラシは、少しずつ身を削りながら私たちの肌を再生してくれているのだ。

ブラシ屋のご主人によると、天然毛のボディブラシは皮膚への刺激が適度でやさしく、しかも油分を補給するためにアトピー性皮膚炎が治ったという話も聞くと言っていた。効果の有無は人それぞれだろうが、一度購入したら再度求める人が多いというから、実力は確かである。

また、洋服はブラシをかけることで「もち」がよくなるといわれている。これはほこりを落とすとともに、ブラッシングの効果があるからだ。豚毛の洋服ブラシならかなりきれいにホコリがとれるし、静電気を起こさないのもいい。ホコリを常に落とすようにこころがけていれば、クリーニングに出す回数は減るのである。

さて、天然毛といってもブラシの種類によって使われる毛が違う。また、店によっても微妙に使う毛は違うが、ボディブラシは馬の尻尾、洋服ブラシは豚毛、ヘアブラシは猪毛、モンゴルの馬毛やイタチの毛を使う商品もある。柄には細工しやすく黒くならないホウの木を使う。安く売られているものは、機械植えで傷みやすい木を柄に使っていることが多いため、長もちしないという。

天然毛のブラシのよさはわかったところで、手植えのよさについて少し。手植えだと、毛の腰や柔らかさがひきたつそうだ。そして、毛を増減させたり留め方に強弱をつけたりと、融通が利くこと。機械植えだとすべて均一にしかできないので、ブラシの穴にぴったりと毛を植えこむことができないらしい。そして、微妙な毛数の違いで毛抜けが始まり、ブラシが駄目になってしまうのだ。

使う頻度や手入れの状態にもよるが、手植えのブラシなら、機械植えの3～5倍の期間はもつという。ボディブラシなど水を使うブラシは、使用後、毛を下に向けて乾かすのが長もちの秘訣。木部を下にすると、根元に水がたまってブラシの寿命が短くなってしまう。どんな道具でもいつも水分が抜けない状態であれば傷んでくるが、天然ものはとくに水気を切ることが重要なのだ。

洋服ブラシは、なるべく洗わないほうがいい。どうしても汚れが気になる場合は、櫛でホコリなどを取り除き、それからぬるま湯を使ってせっけんで洗う。中性洗剤を使うと、根元に残った場合に傷みの原因になるので、使わないほうがいい。

ご主人に話を聞くなかで、ひとつ印象に残った言葉がある。

「私は職人ですから」

職人だから営業戦略や販路拡大、商品開発など、「商売」には興味がないという真意だ。腕の確かな職人であるほど、自分の仕事にだけ集中したいのだ。だから人を育てるとか文化を伝えるといったことにも、意識が向かないのだろう。何だか皮肉な思いがしたものだ。

こちらの質問に受け応えする間も手を休めない姿を横目に、そろそろ失礼しようと思ったところへ、飼い猫が顔をだした。彼女の毛並みが美しかったことはいうまでもないだろう。

田中ブラシ製作所

東京都墨田区千歳3-11-6
☎03-3631-0640
http://kanto.e-shobai.ne.jp/brush-tanaka/#top

創業明治20年。工業用ブラシや刷毛の注文も受ける。ご主人とおかみさんのふたりで、300種類あまりのブラシ類を手作業で作っている。仕事場は道路に面した板間で、作業がガラス戸越しに見える。「仕事場が看板がわり」とご主人は言う。

耳かき

本ツゲのぬくもりある木肌が美しいツゲの耳かき。手作りなので、一本一本微妙にヘッド（？）の大きさが違う。自分の好みに合わせて慎重に選ぼう。（小）約10㎝、1200円。また、すぐになくしてしまうという人には（大）14・5㎝、1400円がおすすめ。大、小といっても柄の長さが違うだけだが……。

歯ブラシ

写真は馬の尻尾の毛で作られた歯ブラシ（300〜500円）。横4列、縦7列の植えこみを基本に、数多いバリエーションがある。このほかにも、力強く磨きたい人には毛が硬い豚毛（300〜500円）、歯ぐきをマッサージしたい人には狸毛（750〜850円）を使ったものがある。

歯ブラシ

すっきりと歯を磨く手植えの天然毛ブラシ

歯は一生ものである。乳歯とて大丈夫とはいえない。小さいころから歯の手入れをきちんとしておかないと、永久歯に影響が出るといわれているからだ。現代では歯への関心は高く、電動歯ブラシや虫歯にならない歯磨き、デンタルフロスに歯間ブラシなど、さまざまな手入れ用品が薬局で売られている。

そもそも歯ブラシの起源は古く、6世紀ころに中国から伝わったとされている。僧が使うようじの一種で「歯木（しぼく）」といわれた。のちに鯨のひげの柄に馬の毛を植えたものが「鯨ようじ」として使われるようになったのは明治になってからだ。現在薬局などで販売される歯ブラシの多くはナイロン製。工業製品を否定するわけではないが、天然毛の歯ブラシはなんとも使い心地がいいので、ここで紹介したい。

柔らかすぎるわけではない。硬くもない。力強く毛が密集していて適度にしなり、がちっと歯をとらえ、するりと歯間に滑りこむ感じ。それもそのはず。これは馬の尻尾の毛を、手で植えこんだ歯ブラシなのである。豚毛もあるが、これは少し固め。大きさも好みで選ぶことができる。

歯ブラシまでわざわざ天然毛でなくても、と思う人もいるかもしれない。けれど、大切な歯だからこそ天然毛がいいのである。ナイロン製の歯ブラシの場合、歯をきれいにしてくれるが、じつは歯を少しずつ削っているのである。しかし、天然毛だと歯が削られずに歯ブラシが減っていく。そして、毛がなかなか広がらないのもいい。

手動のブラッシングには限界があるという。しかし、歯を磨いているつもりでも、じつは歯を削っているという事実を知ると、どうしても天然派を支持したくなる。

藤本虎
東京都台東区雷門2-19-4
☎03-5828-1818
http://www.e-seikatsu.co.jp/tora/

明治30年創業の手植えブラシの老舗。浅草雷門近くにある店舗には、ボディブラシ、ヘアブラシをはじめとして、急須用ブラシからストローブラシまで取りそろえている。ご主人は手業の技術を伝えるべく、全国各地のデパート催事場などに出展している

耳かき

国産の本ツゲを使ったなんともぜいたくな耳かき

耳の穴の掃除は、はっきりいってこのうえのない快楽である。ソロリソロリと耳かきを穴にさし入れ、穴の側壁をチョリチョリとかく。すると一瞬、背中にゾクゾクっというのがやってくる。肩をすくめながら脇を締め、手首を固定させ、慎重に、そしてていねいに耳垢を探っていく。そして、ゆっくりと引き抜き、耳かきの先にのった垢を確認する。大物が取れているとなんだか、大きな魚でも釣ったかのようにうれしくなってくる。しかし、ときどきやり過ぎて、耳の中をかき壊してしまうこともある。

家人は、あまりに頻繁《ひんぱん》に私が耳掃除をしているのを見咎《とが》め、「人間、耳掃除なんかしなくてもいいんだよ」というが、なかなかやめられない。というか、こんなに気持ちのいいことをやめられるわけがない。

象牙、銀、ツゲ、綿棒、竹など耳かきにはいろいろあるが、やはり快感を伴う至高のひとときを味わうなら、高級なものがいい。趣味の道具はとかくゼイタク品であることが相場だ。

なかでもお気に入りはツゲの耳かき。ツゲは丈夫で、肌へのあたりも柔らかく、使えば使うほどにツヤが出てくる。竹の耳かきだと使っているうちに割れてくるし、銀の耳かきは耳の穴に入れたときに冷やっとする。なかでも上野・十三やで売っているツゲの耳かきは、鹿児島産の薩摩ツゲを使用し、ていねいに手作りされた暖かみのある逸品だ。

国産のツゲ材は今、国内でも鹿児島と伊豆七島の御蔵島ぐらいでしか取れず、貴重な材となっている。そもそもツゲといえば櫛というように、十三やでも、櫛を作った後に残る端材で作られている。なんとも無駄のない、それでいて、ちょっと贅沢な耳かきではないだろうか。

十三や櫛店

東京都台東区上野2-12-21
☎03-3831-3238

十三やは、1736年の創業。九(く)と四(し)を加えて十三という屋号はまさに江戸時代のウイットに富んでいる。耳かきは(小)1200円、(大)1400円。小は携帯に便利。旅行用としてポーチなどに入れておける。

時計型薪ストーブ

ステンレスの輝きが美しいホンマ製作所の時計型薪ストーブ（煙突付き　小売り価格6000円～）。地方の大型ホームセンターなどで販売している。ほかにも鉄製の物もある。こちらはさらに安く、小売り店によっては3500円ほどで売られていることもある（煙突は別売り）。

山下式板金ストーブ

山下さんの先代が戦前に考案した「山下式ストーブ」。より高い効率を得るため中は2室になっている。引出しは魚や芋を焼けるオーブン。これとは違う円筒型タイプの「山下式」もあり、熱い煙が循環する独自の構造をしている。手作りの「山下式」のプレートが誇らしげだ。

時計型薪ストーブ

値段も熱量もコストパフォーマンスに優れた逸品

人間には火に対する本能的な強い羨望がある。だから、便利な暖房器具が選べる時代になっても、暖炉や薪ストーブに憧れる人が多い。人工的な火とは違う原始の火。それは命の躍動感そのもののようだ。

　もし、機能的な薪ストーブを選ぶなら、時計型ストーブがおすすめ。名前の由来は昔の柱時計の形からきていて、以前から雪国の強い味方として定着している。そのため、生活に根差した実用性重点主義が徹底している。まず、よく燃える。燃焼力に優れ、火力が強く、暖かい。

　燃焼力のよさはストーブの構造に秘密がある。一般に燃焼力を高めるには、ストーブの容積と煙突の太さが関係しているが、これが見事に計算されている。中に入る薪の量と、空気孔から取り込む空気の量、煙突の吸い込みなどのバランスがいい。

　また、時計型の形は、柱時計の振り子があった部分が焚き口、丸い文字盤の部分が燃焼室になっている。その燃焼室の背面部分に二重の仕切り板が作ってある。ここで燃えた火が仕切り板に当たってもう一度燃焼室に戻されるドラフト効果で二重燃焼される。完全燃焼すると、煙の有毒ガスが少なく、燃えた灰が少ない。さらにその火力を利用して煮炊きができること。しかも、上部のフタが五重のリングになっていて、取り外しができるようになっている。

時計型ストーブは鉄板製とステンレス製の二種類がある。ステンレスの方が熱に強く長持ちする。だが、鉄製は驚くほど値段が安いのが魅力。雪国では朝から夜までストーブが真っ赤になるほど燃やし続け、二年くらいで穴が開くと取り替えるが、普通に使っていれば五、六年は持つ。

　一個目の薪ストーブはこのストーブにとどめを差す。

ホンマ製作所
新潟県白根市大字北田中801-8
☎025-362-1235
http://www.fsinet.or.jp/~honma

時計型薪ストーブはもともと代表取締役の本間榮作さんが、どんな形のストーブか誰にでもわかるようにと考案したもので、現在までロングセラーを誇っている。おもに東日本中心で売れていたが最近では田舎暮らしのブームとあいまって全国的に販売圏が広がってきたという。

山下式板金ストーブ

量産品にはない職人の知恵が盛りこまれた北国の必需品

「しっかり腰入れするから、ガンガン焚いたって歪んだりしないんだ」。そういって山下泰さんはドーナ状のフタの部品を金づちでリズミカルに叩いていった。叩くことで金属の強度が増し、もっとも熱の負荷が大きいフタ部分の耐久性が増す。「量産品だって少し手を加えてやれば長持ちするんだよ」。

山下さんはサハリン生まれの65歳。父親の後を継ぎ、北の港町・函館で板金職人を営んでいる。屋根や流し台をはじめ、注文されたものはどんなものでも作り出してきた。なかでもストーブは北国の必需品として、50年以上作りつづけている。

ひとことに板金ストーブと言ってもいろいろな形があるが、山下さんがもっとも多く作ってきたのは先代が考案した「山下式」ストーブだ。一見、時計型のように見えるが、中は燃焼室と放熱室の2室に分かれており、より放熱効果を考えた構造になっている。現在は薪ストーブの需要も少なく、ほとんど作ることはなくなってしまったそうだが「たまたま注文があったから」ということで、その製作過程を見せてもらうことができた。

まるで手品を見るように、一枚の鉄板が2次元から3次元へと形を変えてゆく。プレスのような大型機械はどこにもない。廃レールや鉄パイプ、木っ端といったどこにでもありそうなものを使い、リズミカルに叩くうちに美しい曲線、直線が現れる。

「物を作るのはおもしろい」という山下さんが、最近凝っているのは「ミニチュアストーブ作り」だ。銅版やお菓子の空き缶を使って、手のひらに乗る程度の、しかし本物同様の工程でじつに精巧な薪ストーブを作っている。薪ストーブの需要が減っていく時代のなかで、自分の仕事を再確認するように……。Ⓗ

山下板金工作所
北海道函館市松川町20-17
☎0138-41-1770

ストーブは注文があれば製作する。山下式ストーブは2万5000円から。ストーブの寿命は、寒さの厳しい北海道で上手に使って5、6年。ストーブ本体のほか、銅製の湯沸しも製作可能。ミニチュアストーブは売り物ではないが、希望者には応相談。

あんか

シンプルこのうえない豆炭用あんか「品川あんか」。内部の大半は岩綿が詰まっており、この量を増やすことで温度を和らげることができる。火のついた豆炭をふとんに入れるのだから不安があるかもしれないが、使い方を誤らなければ安全。それでも熱に弱い化学繊維の寝具での使用は避けること。小売り価格2000～3500円。

カイロ

クジャクをイメージしたスリットが印象的な『ハクキンカイロ3R』(1800円)。ハクキンとは白金でありプラチナのこと。火口の形状が少し変わり、ケースはビロードからフリースになったが、基本的構造やデザインは昔と変わらない。このほか小型でスリムなタイプや極寒地用強力タイプもある。

あんか

豆炭ひとつで朝までポカポカのコストパフォーマンス

よく「足先が冷えて眠れない」という話を聞くが、これまでどうもピンとこなかった。少々冷えていたって足をこすりあわせたり、指を伸び縮みさせていればしだいに暖かくなるではないかと……。

　ところが、雪国に引っ越したからか、それとも年をとったのか、最近、「足先の冷え」で眠れないことがたびたびある。自力では暖かくならないのだ。ならば連れあいから熱量拝借と思っても、これが自分以上の冷え性と来ている。ダメだこりゃ。

　というわけで、あんかの登場である。あんかというと一般に電気あんかを想像するけれど、ここに紹介するのは豆炭を使ったあんか。豆炭一個で一晩はポッカポカという代物だ。ドでかい弁当箱のような本体は、上下にパックリと開くようになっており、薄い金属板に開けられた丸い穴からはグラスウールがのぞいている。ここに転がらないように注意しながら赤く着火した豆炭を乗せ、そぉーっとフタを閉じ、バックルで開かないように固定。隙間から少しばかりの煙と豆炭特有のニオイがもれてきたが、それもやがておさまり、変わりにやんわりとした暖かさがにじむように湧いてきた。

　ふとんに入れると、直接あんかに触れていなくとも暖かさは周囲に伝わってくる。というか触ると熱いほどで、説明書にもやけどの恐れがあるので直接触れないように、とある。そしてこの暖かさ、翌朝まではもちろん、12時間以上も持続した。

　こうして足元を暖めるだけで、それまで震えていた全身までもやがて暖かくなり、たとえ外が吹雪であろうとも深い眠りに落ちてゆくのである。ちなみに豆炭一個の値段は約5円ほど。なんとリーズナブルな暖房器具か……。 (H)

シナネン
東京都港区海岸1-4-22
☎03-5470-7117
http://www.sinanen.com/business/index.html

あんか、豆炭とも秋から冬にかけて、寒冷地を中心とした燃料店や金物店、ホームセンターなどで入手可能。豆炭はシナネンほか、ミツウロコ、ミスジなどでも製造、販売している。

カイロ

ハクキン＝白金＝プラチナ。炎を使わず化学反応で発熱

使い捨てカイロが始めて登場したとき、腹巻とハクキンカイロを愛用していた私は「なんと邪道な…」と思った記憶がある。高校1年の冬であった。カイロというものは、毎朝、ベンジンを専用ジョウゴで注入し、おもむろに点火して腹巻の間に挟むものと決まっていた。ほのかに漂うベンジンの香りとともに幸せなぬくもりがヘソから全身に伝わっていったものだった。（そういえば、トボけた坊さんのCMでお馴染みの「桐灰」も当時、固形燃料を使ったカイロを出していて、こちらの愛用者も少なからずいた）。

ハクキンカイロは内部で直接火が燃えているわけではなく、白金（プラチナ）を触媒にしてベンジンを酸化させ発熱する仕組みになっている。ちなみにこの技術は長野五輪の聖火を空輸する際にも応用された。

25ccの満タン注油で24時間暖かさが持続。燃料は専用のベンジンを使う。このベンジンに描かれた血色のいいおじさんも、昔と変わらない。熱以外に放出するのは水と炭酸ガスのみ、といたってクリーンだ。

注油式だから何度も使えるのは当然だが、メーカー側のアフターケアもすごい。すべて有料ではあるが、触媒部分の火口、ジョウゴやカバーまで交換部品を取りそろえ、技術の必要な中綿交換はメーカー側で行なって発送してもくれる。

今やカイロといえば使い捨てが当たり前となっているが、ハクキンカイロからはそんな風潮をものともしない老舗の心意気といったものを感じずにはいられない。と同時に、使用の「儀式」といい、アフターケアに象徴されるメーカーの姿勢といい、どこか使い捨てライターに対する『ジッポー』に似た存在感を感じてしまうのだ。Ⓗ

ハクキン
大阪府大阪市淀川区野中北1-1-76
☎06-6394-0161
http://www.hakukin.co.jp

全国の薬局、デパート、ホームセンターなどで購入可能。インターネットでも購入可能で、極寒地用などの特殊モデルはネット販売のみとなる。交換部品は、電話、ファクス、インターネット、ハガキとあらゆる通信販売に対応してくれる。

非木材モールド食器

その名のとおり、もっぱら葦や麻科のケナフといった再生効率の高い一年草の非木材植物繊維から、金型で成形された紙食器。丈夫でかさばらず植物原料なので埋めれば数カ月で土に戻り、燃やしても有害物質は出ず、森林資源も浪費しないとエコロジー的には抜群の素材。

トイレットペーパー

雑誌を中心とした古紙が原料。漂白剤も使っていないのでダイオキシンの心配もなし、と環境的にはバッチリ、毎日トイレでエコロジー！回収、分別、製紙工場への持ちこみ、大ロールからの商品への仕上げと、すべての作業が授産施設で、障害をもつ人とその仲間たちによって行なわれている。

非木材モールド食器

埋めれば土に還り、燃やしても安心

最近、野外イベントなどの屋台で使われる食器が変わってきている。夏の炎天下、アップビートな音楽に体を揺らし、汗を流せば腹も減る。にぎやかに立ち並ぶ屋台の中で、スパイスのピリッと効いた激辛カレーを注文して手に取ると、そのお皿は目新しく丈夫な紙容器だったのが昨年夏の想い出……。

日本の屋台の使い捨て食器、特に汁物、丼物用はもっぱら石油系原料から作られたプラスチック系の発泡トレイだった。発泡トレイは軽くて丈夫で値段も安いけれど現場の集積処理時にはかさばり、埋めても土に還らず、燃やせば有害物質が出る。それが大規模なイベントでは何万食分も出るのだから処分に困る厄介者で、エコロジーを意識する者には頭の痛いところだった。

そこに出てきたのが、この数年国内でも各メーカーが商品化し始めた「非木材モールド食器」。コスト的にはまだ割高ながら、発泡トレイと比べれば抜群のエコロジー性。関係者の理解と努力でフジロックやソルスティスといった数万人規模の大規模野外音楽イベントでの全面的導入を実現し、一般的な認知度もぐっと高まりつつある。

しかし、業務用に利用されていてもまだまだ一般的ではないのだが、アウトドアメーカーのコールマンではすでに2年前に商品化していて、アウトドアショップ等で購入が可能。環境意識の高まる現在、将来的にはカップ麺への使用などが広まりそうなこの素材、繰り返し使える普通のお皿がもちろん基本だが、ピクニックやレジャーなどで使うようなときはおすすめだ。そして使ったあとは生ゴミと一緒に地面に埋めて、子どもと分解循環を観察してみてはいかがだろう？

コールマンジャパン
東京都中央区日本橋箱崎町5-14　JBP箱崎ビル
☎0120-111-957
http://www.coleman.co.jp

使い捨てではあるものの、せめて1泊2日は使える強度を意識したというだけあって商品名もズバリ「丈夫な紙の食器」。1年草の葦が原料。仕切り付きトレー、ボウル、カップの3種。バラとセットがある。参考価格500～900円

トイレットペーパー

森林資源を守り、環境にもお尻にもやさしい

海外をしばらく旅して帰ってきてトイレに用を足しに入り、紙をお尻に当てると、いつもアレッと思う。トイレットペーパー（以下、トレペ）が、とても柔らかいのだ。第三世界で安宿を泊まり歩いてきたあとなんかだと、日々ガサガサの紙に粘膜も鍛えられてるだけに、なんだか頼りな〜い気分になったりして……。そしてシミジミと〝至れり尽くせりの国〟日本に帰ってきちゃったなあと、安心したような、寂しいような複雑な気分になったりもしてしまう。こんな感覚、日本人全体では絶対少数派には違いないが……。

スーパーに行くと、〝ソフト〟〝スーパーソフト〟〝二重巻〟〝エンボス加工〟〝香り付き〟と、真っ白に漂白されて過剰なサービス精神抜群の品々がズラリと並んでいる。これらの大部分は上質な木材パルプが原料なので、言ってしまえば日本人の大部分が世界の森林でお尻を拭いているってこと。最近わりに定着してる〝牛乳パックリサイクル〟と銘打った商品には、ちょっとホッとさせられるけれど、これも元をたどれば上質の木材パルプが原料。

そんななかで、この共働学舎のトレペは潔い。なにしろ「雑古紙100％、無漂白」。利用用途の限られる雑古紙（雑誌、封筒、切れっぱし等）で、日本では過剰な柔らかさを要求されるトレペを作って販売している。写真のとおり見た目は無漂白のナチュラルな質感でいい感じ。

そして使い心地はどうなのか？いざトイレに入り、用足しに使ってみる。「アレッ？」意外に柔らかい。女性にも充分お勧めできる。

出版に携わる人間としては、回収された雑誌や本がトレペに変わるというのも複雑な心境だが……。

共働学舎 湯舟共働学舎
東京都町田市小野路町1733
☎042-737-7676
http://www.bea.hi-ho.ne.jp/ikoma-town99/kyoudougakusya.htm

エコ的活動も盛んで、このほか、再生紙ハガキや廃油せっけん、お菓子、陶芸品、装飾品、裂き織り、自家有機栽培の野菜とハーブなどを扱う。トレペは巻量と芯の種類で各種あり。関東近県なら1巻33円以下、50巻入りから発送してくれる。

ここで紹介するお店は、私たちの生活にうるおいを与えてくれる
「日用良品」を扱っているお店です。
お店に一歩入れば、ありとあらゆるモノが売っていますが、
あなたの「いいわ！」はきっと見つかるはずです。

生活日用雑貨

楽手(ガッシュ)

北海道札幌市西区山の手七条8丁目1-35
☎ 011-616-6610

木工品や自社で作っている染め織物のほか、地元陶芸家の作品もそろう。天然素材にこだわった商品が魅力の店。

伝統工芸　雪の道

青森県青森市新町1-9-22
☎ 017-735-0396

自然の恵みに育まれた津軽地方の伝統工芸品などを取り扱うお店。山ぶどうやオニグルミでできたバッグなどが人気。

釜浅商店

東京都台東区松が谷2-24-1
☎ 03-3841-9355
http://www.digitalc.co.jp/kama-asa/

南部鉄器・包丁がそろう店。明治41年創業以来オリジナルを中心とした料理道具が並ぶ。お釜用コンロやニンニク専用コンロが人気。

田中漆器店

東京都台東区松が谷1-9-12
☎ 03-3841-6755
http://www.paseli.com/shikki/

漆器専門店。お盆やお椀、そば打ちセット、手彫り箸など伝統的な漆器がたくさんそろう。

のれんの西村

東京都台東区松が谷1-10-10
☎ 03-3841-6220

本染めののれんを扱う専門店。自社工場があり名入りなどのオーダーにも応じてくれる。

酒井商店

東京都台東区松が谷1-10-9
☎ 03-3841-4900

漆器、竹製品、木製品を扱うお店。特に、漆製品と木工品はオリジナルのものがそろう。

ユニオン・コマース

東京都台東区西浅草2-22-6
☎ 03-3845-4040

包丁専門店。一般家庭用からプロ用まであらゆる包丁がそろう。

つば屋庖丁店

東京都台東区西浅草3-7-2
☎ 03-3845-2005
http://www.fandr.co.jp/tubaya/

包丁専門店。店内にそろう1000本の包丁は、ほとんどが「つば屋」オリジナル。出刃包丁などでも刃渡り9cm〜36cmまで豊富にそろう。また、別注品も受け付ける。

馬嶋屋菓子道具店

東京都台東区西浅草2-5-4
☎ 03-3844-3850
http://arc.pmall.ne.jp/majimaya/

和洋菓子道具全般を取り扱うお店。なかでも注文を受けてから、お店のオーナーが丹精こめて作るという和菓子の木型は有名。

西勘本店

東京都中央区京橋1-1-10　西勘本店ビル1F
☎ 03-3281-2387
http://www5.ocn.ne.jp/~nishikan/nishikantop.htm

創業148年の左官鏝(さかんこて)・刃物等道具の専門店。現在もひとつひとつ職人さんによって作られている、商品はプロからも絶大な信頼を集めている。

刃物　うぶけや

東京都中央区日本橋人形町3-9-2
☎ 03-3661-4851

江戸時代から約220年続く刃物の専門店。扱う商品はハサミ、毛抜き、包丁など300種類。随時、研ぎ直しにも応じてくれる。

関連ショップリスト

ヘルス&ボディケア

生活の木
東京都渋谷区神宮前6-3-8
☎ 03-3409-1778
http://www.treeoflife.co.jp/

ハーブ、アロマテラピー関連商品の製造、輸入、販売している。各種精油が豊富。日本各地に直営店あり。

ニールズヤード レメディーズ表参道店
東京都渋谷区神宮前4-9-3
☎ 03-5771-2455
http://www.nealsyard.co.jp/

イギリスの自然療法店。独自ブランドの精油やボディケア商品に定評あり。

ロクシタン青山本店
東京都港区北青山3-5-18
☎ 03-3497-1777

天然シアバター(植物性原料)を豊富に使用した自然派スキンケア商品がそろう。

クレヨンハウス
東京都港区北青山3-8-15
☎ 03-3406-6477
http://www.crayonhouse.co.jp/

1Fは絵本、2Fは国内外の木製のおもちゃ商品、3Fは女性向けの書籍コーナーやオーガニックコットン製品、自然派化粧品類などがそろう。

素朴屋
東京都杉並区高円寺南3-59-4
☎ 03-5305-5377
http://www.sobokuya.com/

生活雑貨を中心としたエコロジーショップ。

地球雑貨　ふろむあーす
東京都世田谷区三軒茶屋2-13-11
☎ 03-3414-3545
http://www.from-earth.net/

オーガニックコットン製品やエコロジー&フェアトレード商品がそろう。

SAP
東京都国立市西2-10-9
☎ 0425-73-4780
http://www.inv.co.jp/tama/kunitachi/sap/sap.html

暮らしにリアルに溶けこむアイテムと、身体にも地球環境にも優しい商品を意識した品ぞろえ。通信販売、地方発送もOK。

SOEN
新潟市関屋田町3-469-1
☎ 025-231-2111
http://www.echigo.ne.jp/~soen/index.html

健康と安心をキーワードに自然素材を活かした生活雑貨を取り扱っている。蚊帳や蚊取り線香、布団、オーガニックコットンなど体に優しい充実の商品がラインナップ。

癒しの森
愛知県知立市上重原西八島8-2
☎ 0566-84-1088
http://www.ky-wood.com/

自然木のもつ素朴な癒し効果を活かした入浴用商品やインテリアグッズがそろう。

マーシュ
京都府京都市左京区下鴨東本町26-3デミ洛北1F
☎ 075-706-2130
http://homepage2.nifty.com/mache/

「ハーブ」と「エコロジー」をコンセプトに、自然派化粧品や石鹸、オーガニックコットン製品、お茶、フェアトレード製品などがそろう。

ウェンディーママ
京都府京都市北区紫野宮東町1-75
☎ 075-411-4460
http://www.w-mama.com/ami/

地球にも人にもやさしい生活用品や健康食品、健康グッズを取り扱うお店。

チョンマットやテーブルまわりの小物など豊富にそろう。

ギャラリー無垢里(ムクリ)

東京都渋谷区猿楽町20-4
☎ 03-5458-6991

陶器を中心に版画やガラス製品、竹細工などでできたインテリア小物や生活用品取扱店。

代官山かまわぬ

東京都渋谷区猿楽町23-1
☎ 03-3780-0182

若い女性にも人気の手ぬぐいやふろしきの専門店。季節の手ぬぐいや吉野織ふろしきが好評。

渋谷 荒丸 渡辺

東京都渋谷区宇田川16-8渋谷センタービル1F
☎ 03-3461-0064

和雑貨専門店。だるま下駄をはじめ、湯上がり用浴衣や和手ぬぐいなどが人気。

プールアニック原宿店

東京都渋谷区神宮前2-22-12マニンビル
☎ 03-5411-5366
http://www.pourannick.com/

南部鉄器のティーポットや漆のボール、わっぱ弁当箱などおしゃれな和風の日用雑貨がたくさんそろう。

備後屋

東京都新宿区若松町10-6
☎ 03-3202-8778

日本全国の郷土玩具や木工品、工芸品がなどがそろう。

ザ・コンランショップ新宿本店

東京都新宿区西新宿3-7-1新宿パークタワー内
リビングデザインセンターOZONE3・4F
☎ 03-5322-6600
http://www.conran.ne.jp/

テレンス・コンラン卿によって世界中から厳選された実用性とデザイン性を兼ねた生活用品やオリジナルデザインのアイテムがそろう。

アクタス新宿店

東京都新宿区新宿2-19-1BYGSビル2F
☎ 03-3350-6011
http://www.actus-interior.com/

キッチン用品から布や家具までオリジナルアイテムを中心に幅広い品ぞろえ。

ゆうど

東京都新宿区下落合3-20-21
☎ 03-5996-6151
http://www.jade.dti.ne.jp/~yu-do/

「日常生活で使い続けられる文化的なもの」をコンセプトにモンスーンアジアの自然素材から作られた商品を取り扱っているお店。

LUNCO

東京都豊島区目白3-17-27
☎ 03-3954-3755
http://www.lunco.net/

アンティークのべっこうの櫛や下駄、ボタンなど手作りのモダンな和風小物がそろう。

cha-no-ma

東京都豊島区駒込3-3-16
☎ 03-5567-3717

日用雑貨や食器など生活に欠かせないアイテムがそろうお店。アーティストによる作品からオリジナルの商品までリーズナブル。

東花風(トウカフウ)

東京都豊島区池袋2-18-2
☎ 03-3986-7030
http://www.tokafu.co.jp/

インドや中国の工芸品や雑貨、食器などを取り扱う。日本の生活に合わせやすいセレクトをしているお店。

あじろ民芸店

東京都中野区中央5-14-1
☎ 03-3384-5161
http://www.interq.or.jp/tokyo/aziro/

竹製品や和紙製品、ガラス・陶磁器など日本各地の民芸品が並ぶ。

京座布団　こぐれ

東京都中野区東中野1-38-5
☎ 03-3361-6976
http://www.h5.dion.ne.jp/~kogure/

京都・嵐山「かとぶん」の座布団を取り扱うお店。売られている座布団は、どれも和の温もりを大切にひとつひとつ手作りされている。昼寝用や竹炭入りなど種類も豊富。

銀座　菊秀

東京都中央区銀座5-14-1銀座クイントビル1階
☎　03-3541-8390

刃物専門店。包丁、はさみ、調理具、木工具、キッチン雑貨、などがそろう。

銀座夏野本店

東京都中央区銀座6-7-4　銀座タカハシビル1F
☎　03-3569-0952
http://www.e-ohashi.com/

日本人には欠かすことのできないお箸の専門店。2000年本店がオープンし、翌年には青山店もオープン。さまざまなな箸と箸置き、そして漆器などが豊富。

クラフトセンタージャパン

東京都中央区日本橋2-3-10　丸善4F
☎　03-3272-7211

デザイナーや工芸職人、学識者など各分野の第一人者によって選ばれた、日本各地の日用生活道具を紹介販売している。札幌・名古屋・岡山の丸善にも支店あり。

諸国民芸「たくみ」

東京都中央区銀座8-4-2
☎　03-3571-2017

布、陶芸、家具をはじめ、ざるやかご、そのほか小間物など、日本全国の実用的な民芸品全般がいろいろある。

べにや民芸店

東京都港区南青山4-20-9　プレム南青山1F
☎　03-3403-8115
http://beniya.m78.com

ざるや茶こし、鬼おろしなどの竹細工商品や昔ながらの蚊やりなどの生活用品がそろう。

スパイラルマーケット

東京都港区南青山5-6-23スパイラル2F
☎　03-3498-5792
http://www.spiral.co.jp/

斬新でモダンなデザインの南部鉄器がそろう。そのほか和雑貨が豊富。

真木テキスタイル

東京都港区南青山5-18-10
☎　03-3407-0107
http://www.itoito.jp/

骨董通り近くにある手染め、手織りの布類を扱う店。デザインスタジオとも呼べる工房は五日市にある。とてもおしゃれで素朴で素敵な布ばかり。

NUNO

東京都港区六本木5-17-1　アクシスビル地下1F
☎　03-3582-7997
http://www.nuno.com/Japanese/home.html

世界の伝統的な織物を再現したり、綿を芭蕉布風に加工したものがあったり、また最近では生分解糸を使った作品などオリジナルにあふれたテキスタイルショップ。

リビング・モティーフ

東京都港区六本木5-17-1　アクシスビル1・2F
☎　03-3587-2784
http://www.livingmotif.com/

純銅製のキッチン用品やあけびのツルが持ち出しに巻かれた打ち出しのアルミお玉など、和の風情たっぷりの調理道具がそろう。

粋屋デックス東京ビーチ店

東京都港区台場1-6-1デックス東京ビーチ４Ｆ
☎　03-3599-6582
http://www.ikiya.co.jp/

和風雑貨が気軽に楽しめるお店。しじら織りの甚平やエプロンが低価格でそろう。伝統の和風小物が現代的に商品化されている。

染司よしおか

東京都港区西麻布1-4-40
☎　03-3478-0737
http://www.sachio-yoshioka.com/

京都で江戸末期から続く染屋の老舗。現在も植物染料と手織の布にこだわっているお店。のれんや座布団、ハンカチなど人気。

恵比寿三越　暮らしの和

東京都渋谷区恵比寿4-20-7
恵比寿ガーデンプレイス内恵比寿三越1F
☎　03-5423-1183

日本の四季の豊かさを大切にした生活用品が豊富にそろう。その他アジアの日用品アイテムも取り扱っている。

遊NAKAGAWA Tokyo 恵比寿

東京都渋谷区恵比寿1-15-4メゾン115 1F
☎　03-5789-3228
http://www.asa-ya.com/

さらし専門店の中川政七商店の直営ショップ。麻のラン

市原平兵衛商店

京都市下京区堺町通四条下ル
☎ 075-341-3831
http://www.kyoto-shijo.or.jp/shop/ichihara/

1764年以来、箸を専門に扱ってきた京都の老舗。400種類にもおよぶ箸は、材料、色あい、太さ、細さ、長さなどを吟味し、繊細な技により作りあげている。

J.(ジェイピリオド)

京都府京都市下京区四条下る貞安前之前605
藤井大丸5F
☎ 075-253-1305

小物や家具などトータルで和を提案するお店。小さな火鉢が人気で、炭の量り売りもしている。

イン・ザ・ムード

京都府京都市左京区吉田神楽岡町69イン・ムービル
☎ 075-751-1181

漆器や陶器など、オリジナル商品を手頃な価格で提供しているお店。布の切り売りなども行っている。日常使いにたくさん利用できるアイテムがそろう。

有次(ありつぐ)

京都市中京区錦小路通御幸町西入ル鍛冶屋町219
☎ 075-221-1091
http://www.aritsugu.com/

包丁鍛冶専門店。創業1560年の老舗中の老舗。店内には、包丁百数十種類がそろい、そのほか鍋やぬき型などの道具を合わせると400種類ちかくの商品が並ぶ。そのどれもがひとつひとつ手作りのもの。

いしかわ　竹の店

京都府京都市右京区嵯峨天龍寺造路町35
☎ 075-861-0076
http://www.takenomise.com/

京都の伝統的手法を生かしつつ、現代の生活にマッチする竹製品を作り、販売。日本一の竹細工専門店とされる店内には、1000種類以上もの竹製品が並ぶ。

京都厨器センター太田金物店

京都市東山区大和大路通り四条下る4丁目小松町558
☎ 075-561-7614
http://www.ippintei.com/

プロ用キッチン用品から家庭用キッチン用品まで包丁、調理器具、厨房器具など。台所用具ならすべてそろう。ホームページでの注文も可能で、五十音別の調理道具検索システムなど欲しい道具が簡単に探せる。

総合大型雑貨店

東急ハンズ渋谷店

東京都渋谷区宇田川町12-18
☎ 03-5489-5111
http://www.tokyu-hands.co.jp/

国内外の厳選された生活用品が一同に集結された大型店舗。渋谷店のほか日本全国に13店舗ある。

渋谷LOFT

東京都渋谷区宇田川町21-1渋谷ロフト
☎ 03-3462-0111
http://www.loft.co.jp/

健康雑貨やインテリア雑貨、トラベル用品、バッグなど大型生活雑貨専門店。各地に支店あり。

ユザワヤ　蒲田店

東京都大田区西蒲田8-23-5
☎ 03-3734-4141
http://www.yuzawaya.co.jp/

手芸用品から園芸、ホビー、生活雑貨まで、基本的にハンドメイドクラフトのための素材ならなんでもそろう。蒲田店は全８店舗、それぞれ目的によって分かれている。そのほか、全国に６店舗ある。

京王アートマン聖蹟桜ヶ丘店

東京都多摩市関戸1-11-1
京王聖蹟桜ヶ丘ショッピングセンターA館
☎ 042-337-2555

ホビー、クラフト、アウトドア、健康雑貨などあらゆる生活用品を取り扱う。

インターナチュラルガーデン　プランツ

神奈川県横浜市青葉区荏田西1-3-3
☎ 045-910-1246
http://www.naturalharmoney.co.jp/

自然界と協調しながら生きていくことを提案する「衣・食・住」のトータルギャラリー。エコロジー生活雑貨や天然素材の住宅建材など取り扱う。

デイリーズ

東京都三鷹市下連雀4-15-33　三鷹プラザ
☎ 0422-40-6766
http://www.dailies.co.jp/

フランスの木製玩具メーカーのおもちゃや、キッチン雑貨、家具まで世界中から集められた選りすぐりの日用品がそろう大型雑貨店。

ねじめ民芸店

東京都杉並区阿佐谷南1-35-19（パールセンター内）
☎ 03-3312-9408

おもちゃをはじめ四季折々の民芸品を扱っている。ご主人は「高円寺純情商店街」で直木賞を受賞したねじめ正一さん。

民芸美里

東京都杉並区阿佐谷北2-36-1
☎ 03-3336-2686

民芸陶器類をはじめとして、あけび細工、織物、木製品、郷土玩具、和紙など、さまざまなものを扱っている。とくにガマのぞうりは珍しく、地方から買いにくる人もいるとか。

温故知品

東京都中野区中野4-7-3
☎ 03-3319-5011
http://www.cataloghouse.co.jp/shop/shop2.html

カタログハウスの中古品や環境に配慮した日用雑貨（洗剤など）を販売。循環型社会への意識が高まるなか、リユース（商品の再利用）を提案している。

生活雑貨いろどりや

東京都世田谷区南烏山6-5-3-101
☎ 03-5313-5454
http://www.s-irodoriya.com

器や照明器具、小物など国内の作家が手がけたものがそろうお店。

J.(ジェイピリオド)自由が丘店

東京都世田谷区奥沢5-26-4
☎ 03-5731-6421
http://www.j-period.com

竹細工やヒノキ製品（バス用品など）、い草や麻マットなど実用性抜群のおしゃれな日用品が並ぶ。

十六夜　自由が丘店

東京都目黒区自由が丘2-16-11メイプルヒルズ1F
☎ 03-3723-1112
http://www.bungei.co.jp/izayoi

風呂敷や和紙照明など他では入手困難な一点物の和小物がそろうお店。

リヴァンス東急吉祥寺店

東京都武蔵野市吉祥寺本町2-3-1
東急百貨店吉祥寺店7F
http://www.liveonce.co.jp
☎ 0422-21-5200

日本の住空間を快適に暮らすアイデアや質感のある生活雑貨がそろう。

私の部屋

東京都町田市原町田6-1-11ルミネ町田店5F
☎ 042-739-3230
http://www.watashinoheya.co.jp

キッチン用品や家具、寝具など。和洋のバランスを考えた品ぞろえ。

草紫堂

岩手県盛岡市紺屋町2-15
☎ 019-622-6668
http://www.ictnet.ne.jp/~soshido/

伝統的な岩手の草木染めで、紫根染はムラサキ、茜染はアカネという植物の根からとった染料で染めあげたもの。帯や着物をはじめのれんやふろしきなどがそろう。

井上竹細工店

長野県上水内郡戸隠村大字戸隠3416
☎ 026-254-2181
http://homepage2.nifty.com/takeyasan/index.htm

「根曲竹」を使ったざるやかごは戸隠神社の土産としても有名で、採取から、仕上げまで、すべてが手作業で行なわれている。古民家を改造した店内は、ざるやかごでいっぱい。

共同展示館つばめ

新潟県燕市大字小池3633
☎ 0256-64-4681
http://www.winpal.net/~tenjikan

館内には実演工場があり、洋食器の製造行程を見ることができ、約5000点の商品を展示即売するユニークな展示館。入場無料で台所用品・洋食器・器物・金属雑貨・刃物等多数の品ぞろえで市価の３割引にて販売している。

三前商店

和歌山県日高郡南部町気佐藤48
☎ 0739-72-2030
http://www.aikis.or.jp/shop/misaki/index.html

備長炭に関わる物ならなんでもそろう備長炭の専門店。創業は1802年、紀州備長炭を扱う老舗も現在では、燃料としての炭のみならず、炊飯用や風呂用など、生活を快適にする炭グッズも取り扱う。

遠藤ケイ

新潟県生まれ。作家、イラストレーター。長年にわたり自然暮らしを実践しながら、人と自然の関わりを見つめ、新聞雑誌等に作品を発表。著書多数。小社から『男の民俗学』『熊を殺すと雨が降る』『アジア包』(上・下巻)『賢者の山へ』などがある。またこのほど、近著『秘伝かくし味』(ブロンズ新社刊)が刊行された。

島弘美

東京都生まれ。編集者、フリーライター。おもに環境問題やエコロジーをテーマに、雑誌や書籍の編集、そして、寄稿執筆をするいっぽう、1児の母親として、生活や子育てを通して、ナチュラルな暮らしを自らも実践。

南兵衛@鈴木幸一

埼玉県生まれ。イベント・プランニング・オーガナイザー、フリーライター。自然、オーガニック、カルチャーをテーマにイベントのプロデュース、また、それに関わる記事を雑誌などに発表。企画会社アースガーデン代表。御茶ノ水GAIA非常勤取締役。

長谷川哲

愛知県生まれ。編集者、フリーライター。アウトドア雑誌の副編集長を務めるなど、長年にわたる出版社勤務を経た後、自然が身近にある暮らしを求め、北海道に移住。現在は、庭いじりとサーフィンに励むかたわら、新聞、雑誌などで執筆寄稿している。

良品活力

“暮らす”が楽しい100点の生活用具

発行日 2003年3月15日初版 第1刷

著者:遠藤 ケイ、島 弘美、南兵衛@鈴木幸一、長谷川 哲
写真:奥田 高文
デザイン:小山 泰

発行者:川崎 吉光
発行所:株式会社山と溪谷社
〒105-8503 東京都港区芝大門1-1-33
電話:出版部03-3436-4046
　　営業部03-3436-4055
振替口座00180-6-60249
http://www.yamakei.co.jp

印刷:大日本印刷株式会社
製本:株式会社明光社

定価はカバーに表示してあります
乱丁、落丁本は送料小社負担にてお取替えいたします

ISBN4-635-49004-1